JN093534

図解ポケット

Shuwasystem
A book to explain
with figure
: Library

若年介護問題を知る！

ヤング
ケアラー

ケアの
実態と課題
を解説

が

よくわかる本

IIJIMA Shota
飯島 章太 著

秀和システム

はじめに

「ヤングケアラー」という言葉を聞いたことがありますか？　この言葉は「本来大人が担うと想定されている家事や家族の世話などを日常的に行っているこども」（こども家庭庁）を指しています。「ヤングケアラー」という言葉を聞いて、この本を読み始めた皆さまの頭にはどのような子どもたちが思い浮かんだでしょうか。

おじいちゃん・おばあちゃんの介護のお手伝いをするお子さんの姿でしょうか。また、事故や障害などのため家事をこなすことが難しいお母さん・お父さんの代わりに、料理や洗濯や掃除をする子どもでしょうか。

実は「ヤングケアラー」は、家事や介護する子どもだけを指す言葉ではありません。きょうだいが幼いためお世話や見守りをしたり、日本語でコミュニケーションができない家族のために他の人との間に立って通訳をしたりする子どもも「ヤングケアラー」という言葉には含まれています。

特に、感情面の家族のケアを子どもたちが担っていることは重要です。家族の誰かが落ち込んだときには話を聞いてくれたり、励ましたり、気持ちが落ち着くまでそばにいたりする子どもたちも、「ヤングケアラー」に含まれています。

最近になって「ヤングケアラー」がニュースで取り上げられているのをよく見聞きする人もいるかもしれません。では「ヤングケアラー」とは何が問題なのでしょうか。確かに実態調査によれば、将来への不安を抱える子どもたちが少なくありません。勉強できる時間がない、宿題の提出が間に合わず成績を気にしている、本当は行きたい学校、やりたいことがあるけれど家族のことを心配するなど、子どもたちへの影響があることもわかっています。

一方で、ご家族のケアを優先したい子、なんとか家族の支えになりたい子、ケアを家族の時間として大事にしたい子もいます。家族を大事にしたいという子どもの気持ちも同時に尊重すべきでしょう。

　この本を手に取っている人の中には、「ヤングケアラー」の子どもたちをなんとかサポートできないかという、温かい気持ちを持って本を読んでいる方もいらっしゃるかもしれません。ですが重要なことは、必ずしも「ヤングケアラー」とされる子どもたちが全員サポートを求めているわけではないということです。

　「ヤングケアラー」といっても、実際の子どもたちは、それぞれ状況も異なって、ケアに対する捉え方も様々です。もうケアはしたくないという子もいれば、ケアのことを大事に思っている子もいます。また、子どもたちが求めるサポートも人によって違います。話を聞いてほしいという子もいれば、サポートは必要ないという子もいます。福祉サービスにつながって具体的にサポートしてほしいという子もいれば、勉強を教えてほしい子もいます。

　ではその多様な「ヤングケアラー」とされる子どもたちに、周りの人たちには何ができるのでしょうか。本を読んでくださっている方々が「自分には何ができるだろう」と考える手掛かりになることを願って、この本を作りました。この本は、「ヤングケアラー」と呼ばれる子どもたちと出会ったとき、その子どもたちと日常の中で信頼関係を築き、子どもたちから何か話をしてくれたときに、少しでもその子のことについて理解し、「自分には何ができるだろう」と考える手がかりになることを目的としています。

本書は、2023年時点でのヤングケアラーに関する情報の整理を中心にしています。すでにヤングケアラーに関する書籍は多く存在しますので、より理解したいという方に向けて本の紹介も盛り込みました。

　「ヤングケアラー」とされる子どもたちに、いったい何をすればいいのか、正解はありません。自治体の取り組みも試行錯誤の段階です。ですが何より周囲の人がまずできることは、ヤングケアラーについて正確に知ることだと思っています。少しでも皆さんの理解のお役に立てればと思っております。

2023年9月　飯島章太

図解ポケット
ヤングケアラーがよくわかる本

CONTENTS

「ヤングケアラー」とはどんな子どもたち?

　第1章では、「ヤングケアラー」とはどのような子どもたちであるのかについて、こども家庭庁の説明や国の実態調査の結果を解説していきます。

　本章では

①「ヤングケアラー」とされる子どもたちの多様さ

②その多様な「ヤングケアラー」の具体的なイメージ

③「ヤングケアラー」に関する統計データ

について伝えています。

　本章を通じて「ヤングケアラー」の存在を身近に感じられることを目的にしています。

1 「ヤングケアラー」の定義とは？

「ヤングケアラー」の定義について、こども家庭庁や日本ケアラー連盟の定義を引用しながら、解説します。

1 こども家庭庁の説明

「ヤングケアラー」の定義については、法律上の定義はありません。ですが、ヤングケアラー支援の司令塔であるこども家庭庁では、次のように説明しています。

> 「本来大人が担うと想定されている家事や家族の世話などを日常的に行っているこども」
>
> （こども家庭庁 HP「ヤングケアラーについて」より）

「家事や家族の世話」というと、料理や掃除や洗濯、もしくは心身が思うように動かない家族のための介護などを思い浮かべる人もいらっしゃるのではないでしょうか。

もちろん「ヤングケアラー」が行う家族のケアには、料理・掃除・洗濯・介護なども含まれます。ですが本書でこれから説明するように、私たちが思っている以上に、子どもたちが行うケアのあり方は多様です。

「ヤングケアラー」が担うケアは、一時的なお手伝いというわけではありません。子どもたちは「日常的に」ケアを行っています。そして、それらは本来、介護や福祉サービスを利用して、大人が担うと想定されてきたケアです。

② 日本ケアラー連盟の定義

　日本ケアラー連盟は、行政に対してヤングケアラーへの支援を提言し続けてきた団体です。日本ケアラー連盟は以下のように「ヤングケアラー」を定義しています。

> 　「家族にケアを要する人がいる場合に、大人が担うようなケア責任を引き受け、家事や家族の世話、介護、感情面のサポートなどを行っている18歳未満の子ども」
>
> 　　　　　　　　（日本ケアラー連盟 HP「ヤングケアラーとは」より）

　この定義の重要な点は、子どもが担うケアの中に「感情面のサポート」を明記している点です。例えば、障害等の理由から気分が落ち込んでいるお父さんの話を聞いたり、気分が良くなるようにお母さんと一緒にテレビを見たりすることも、感情面のサポートです。

　感情面のケアを子どもたちが担っているとは、周囲には一見わかりづらいかもしれません。単にテレビを楽しんでいたり、家族で話し合ったりしている場面のように見えるからです。

　ですが、感情面で家族をケアする子どもたちは、必ずしもテレビの内容に集中していたり、家族に自分の話をできたりしているわけではない可能性があります。テレビをつけながら、家族の気持ちが落ち着くまで側にいたいと考える子どもたちもいます。また家族が話をするのをひたすら聞いて、家族の不安を和らげてきた子どもたちがいます。

　もちろん、こども家庭庁の説明でも感情面のサポートは「ヤングケアラー」が担うケアの中に含まれますが、日本ケアラー連盟の定義では明確に感情面のサポートが示されている点が重要です。

筆者の解説：定義の多様さと重要なこと

2つの定義の違いからもわかるように、「ヤングケアラー」の定義は様々です。各自治体の条例によっても、その定義は異なります。

ここで伝えたいのは「ヤングケアラー」の多様さです。1-2節で説明するように、「ヤングケアラー」とは様々なケアを行う子どもたちのことを表しています。重要なことは、様々なケアや状況に置かれている子どもたちのニーズもまた様々ということです。サポートが必要という子もいれば、そうじゃない子もいます。一人ひとりの子どもの声を聴きながら、それぞれのニーズにあった支援を考えていくこと自体が重要です。

1 **本の紹介**

●「ヤングケアラー」とは誰か

村上靖彦、2022年、朝日新聞出版

> ヤングケアラー一人ひとりの語りを綿密に分析し、ヤングケアラーの多様さを明らかにした書籍。

「本書の主題はそれゆえ、ヤングケアラーがどのような複雑な経験をし、どこに困難を感じてどのように行動しているのかを、介護や家事労働にとらわれずに解き明かすことにある」

（村上 2022：9）

どんなケアを担っている？

> 「ヤングケアラー」は具体的にどのようなケアを担っているのか
> について、こども家庭庁の図を引用しながら説明します。

1 多様なケアを行う「ヤングケアラー」

「ヤングケアラー」が担うケアとはどのようなものでしょうか。
こども家庭庁では、次ページの図を使って例示しています。

まず、子どもたちがケアを行う相手としては、以下のように幅広
く想定されています。

・障害や病気のある家族

・幼いきょうだい

・障害や病気のあるきょうだい

・目の離せない家族

・日本語が第1言語でない家族

・アルコール・薬物・ギャンブル問題を抱える家族

・がん・難病・精神疾患など慢性的な病気のある家族

子どもたちは、きょうだいや父母、祖父母などを相手にケアを行っ
ており、きょうだいが幼い場合もあれば、自分よりも年齢が上の家
族をケアする場合もあります。そして家族には障害や病気、言語な
どの困難があることが多く、子どもたちには難しいケアが求められ
ていることも伺えます。

2 ヤングケアラーの担うケア

障がいや病気のある家族に代わり、買い物・料理・掃除・洗濯などの家事をしている

家族に代わり、幼いきょうだいの世話をしている

障がいや病気のあるきょうだいの世話や見守りをしている

日本語が第一言語でない家族や障がいのある家族のために通訳をしている

目を離せない家族の見守りや声かけなどの気づかいをしている

家計を支えるために労働をして、障がいや病気のある家族を助けている

アルコール・薬物・ギャンブル問題を抱える家族に対応している

がん・難病・精神疾患など慢性的な病気の家族の看病をしている

障がいや病気のある家族の身の回りの世話をしている

障がいや病気のある家族の入浴やトイレの介助をしている

出典：「ヤングケアラーについて」（こども家庭庁ホームページ）（参照 2023年8月31日）

　また、子どもたちが担うケアについては、以下のように多様なケアが説明されています。

- ・買い物・料理・掃除・洗濯などの家事
- ・身の周りのお世話
- ・見守りや声かけなどの気づかい
- ・通訳
- ・家計を支えるための労働
- ・看病
- ・入浴やトイレ介助

　このように、「ヤングケアラー」とは、様々な相手に多様なケアを行っていることがわかりました。

FIGURE 3　本の紹介

●私だけ年を取っているみたいだ。－ヤングケアラーの再生日記

水谷緑、2022年、文藝春秋

家族のケアを担うある女の子を主人公に、ケアの実態や大人になるまでの複雑な気持ちを描いたマンガ。

「このお話は完全なフィクションではありません。個人が特定できないように編集していますが、ひとつひとつのエピソードは実際にあったことです。」（「あとがき」より）

（水谷 2022）

どのくらいの数いる？

2020年度・2021年度に国が行ったヤングケアラーに関する実態調査の結果から、どのくらいの数の子どもたちが「ヤングケアラー」とされているのかについて解説します。

1 中学生・高校生への調査

2020年度、全国の中学2年生・高校2年生を対象としてヤングケアラーに関する国の調査が行われました。そこで「家族の中にあなたがお世話をしている人はいますか。」という質問に対して「はい」と答えた中学生・高校生は以下の割合でいることがわかりました。

・中学2年生の5.7%（約17人に1人）
・全日制高校2年生の4.1%（約24人に1人）
・定時制高校2年生相当の8.5%（約12人に1人）
・通信制高校生の11%（約9人に1人）

2 小学生・大学生への調査

翌年の2021年度、同様の調査が全国の小学6年生・大学3年生を対象にして行われました。そこで「家族の中にあなたがお世話をしている人はいますか。」という質問に対して「はい」と答えた小学生・大学生は以下の割合でいることがわかりました。

・小学6年生の6.5%（約15人に1人）
・大学3年生の6.2%（約16人に1人）

FIGURE 4　各世代におけるケアをしている割合

小学生
（6年）

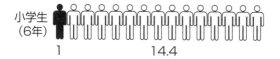

1　　　　　　　14.4

中学生
（2年）

1　　　　　　　16.5

高校生
（全日制2年）

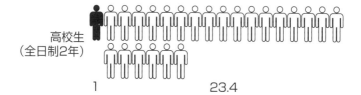

1　　　　　　　23.4

大学生（3年）

1　　　　　　　15.1

■いる　□いない＋無回答　（人）

どの学校のクラスにも
1〜2人は、「ヤングケアラー」
とされる子どもたちがいる
可能性が高い。

出典：2020年度・2021年度実態調査より

　本書では、定時制・通信制高校生の実態調査については、グラフや表においては省略し、補足が必要な場合にのみ言及しています。

　ですが特に、定時制や通信制の高校生における「ヤングケアラー」の割合は、全日制高校の割合の倍以上という実態調査のデータもあります。

　それは家族のケアを担ってきた子どもたちが、高校進学の際の進路選択において影響があったことを伺わせます。例えば、高校進学後も家族をケアする必要があると考える子どもたちは、家族へのケアを優先させて、全日制ではなく夜間などに通える定時制や、時間の融通を利かすことができる通信制高校を選ぶことも考えられます。

　もちろん回答数の関係から、定時制や通信制の高校生の実態調査は解釈が難しいところですが、重要なデータを示している場合には、補足として本文で言及しています。

4 **筆者の解説：「ヤング」では終わらないケアラー**

　また本書では実態調査に含まれていた大学生に関するデータは省略し、小学生・中学生・全日制高校生のデータに絞って言及しています。

　ですが、大学生の調査において重要な点は、高校を卒業し18歳を超えて、「ヤングケアラー」の定義に当てはまらなくなった大学生も、家族のケアを担う割合が、小・中・高の子どもたちと同様高いという点でした。これは、子どもたちが18歳を超えても、家族のケアを担い続けている人が多い可能性を示しています。

　18歳を超えて「ヤング」ではなくなった若者もまた、家族について悩み続けます。この議論については、右で紹介する本が参考になると思われます。

5 本の紹介

● ヤングでは終わらないヤングケアラー
——きょうだいヤングケアラーのライフステージと葛藤

仲田海人・木村諭志、2021年、クリエイツかもがわ

> ヤングケアラー経験者であり、作業療法士・看護師の立場でもある著者2名による書籍。特に障害ある兄弟姉妹をケアする「きょうだいヤングケアラー」に注目し、「ヤング」では終わらないケアの実態について分析している。

> 「日本のマスメディアでは、ヤングケアラーを経て18歳以降にケアを担う人を『元ヤングケアラー』などと表現されることもあります。しかし、18歳になったからと言って、ケアは決して軽減することはありません。18歳になって、劇的になんらかの社会的サポートにつながれば話は別ですが。」

(仲田・木村 2021:5)

●子ども・若者ケアラーの声から始まる
——ヤングケアラー支援の課題

斎藤真緒・濱島淑恵・松本理沙・公益財団法人京都市ユースサービス協会、2022年、クリエイツかもがわ

> 「ヤングケアラー」という言葉が、人生の限られた一時期のみにケアを担っているというイメージを持つことへの懸念から、小さい頃から大人になるまでずっとケアを抱えている実態を踏まえて、あえて「子ども・若者ケアラー」という言葉を使う必要性を説く筆者らが、経験者の文章を丁寧にまとめた書籍。

> 「読者の皆さんには、それぞれ固有のストーリーについて、その個別性と普遍性とを、じっくり味わってもらいたいとおもっています。」

(斎藤・濱島・松本ら 2022:10)

ケアしている相手は？

実態調査を通じて、「ヤングケアラー」が誰をケアする割合が高いのかについて、説明します。

1 きょうだい（特に幼い）をケアする割合が最も高い

子どもたちがケアを行う相手は多様だということが、こども家庭庁の説明などからわかりました。では、割合としてはどのような相手にケアを行っている子どもたちが多いのでしょうか。

国の実態調査では、小学生・中学生・高校生共に、お世話を必要とする家族としては「きょうだい」の割合が最も高いです。

・小学生　71％　（ヤングケアラー10人中7人以上）
・中学生　61.8％　（ヤングケアラー10人中6人以上）
・高校生　41.9〜44.3％（ヤングケアラー10人中4人以上）

ケアの相手である「きょうだい」が置かれている状況として、最も小中高校生の回答が多かったのは「幼い」という回答でした（小・中学生・全日制高校生の7割、定時制・通信制高校生の4割以上）。幼いきょうだいを多くの子どもたちがケアしている状況が伺えます。

一方で定時制・通信制高校生の場合、知的障害や精神疾患・依存症を抱えるきょうだいをケアする割合が高い傾向にあります。同様に中学生の場合も、知的障がいを抱えるきょうだいをケアする割合が高い傾向にあります。

6 きょうだいの世話をしているヤングケアラーの割合

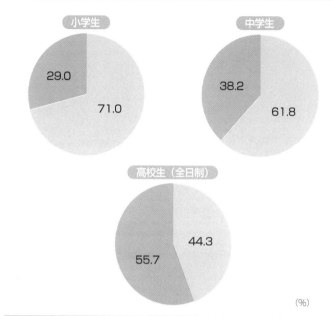

小学生

29.0 / 71.0

中学生

38.2 / 61.8

高校生（全日制）

44.3 / 55.7

(%)

■ きょうだいを世話している　■ きょうだいを世話していない

▼世話をしているきょうだいの状況　　　　　　　　　　　　　　(%)

	幼い	身体障がい	知的障がい	精神疾患、依存症（疑い含む）	精神疾患、依存症以外の病気	その他	わからない	無回答
小学生	73.9	2.0	4.9	3.8	2.9	8.3	8.5	5.6
中学生（2年）	73.1	5.6	14.7	4.6	0.5	5.6	—	9.6
高校生（全日制2年）	70.6	6.6	8.1	1.5	0.7	9.6	—	11.8

出典：2020年度・2021年度実態調査より

CHAPTER 1 「ヤングケアラー」とはどんな子どもたち？

19

次に小・中・高校生ともに、お世話を必要とする家族として高い割合にあるのは「父母」でした。

・小学生　母親：19.8%、父親：13.2%
・中学生　父母：23.5%
・高校生　父母：16.1〜22.4%

ケアの相手である「父母」が置かれている状況として、中・高校生の回答が最も多かったのは「身体障がい」、続いて「精神疾患・依存症（疑い含む）」でした。とりわけ通信制高校生は回答数が少ないものの、「精神障害・依存症」の父母のケアを行っているという回答が6割以上あったことは留意すべきでしょう。

一方で「わからない」「無回答」と回答した小学生は約半数おり、中高生の場合も約3〜4割が「無回答」としており、父母がどのような状態かわからない、もしくは何かしらの理由で答えない子どもたちが多いこともわかりました。

7 **父母のケアについての内容**

▼世話をしている父母の状況　　　　　　　　　　　　　　　　　　(%)

	高齢（65歳以上）	要介護（介護が必要な状態）	認知症	身体障がい	知的障がい	精神疾患、依存症（疑い含む）	精神疾患、依存症以外の病気	その他	わからない	無回答
小学生	5.1	3.6	0.7	8.0	0.7	11.6	5.1	19.6	33.3	15.2
中学生（2年）	13.3	6.7	5.3	20.0	5.3	17.3	12.0	18.7	—	32.0
高校生（全日制2年）	13.2	9.9	4.4	15.4	3.3	14.3	7.7	17.6	—	37.4

出典：2020年度・2021年度実態調査より

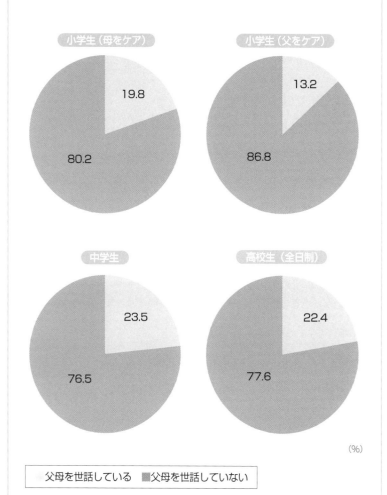

小学生（母をケア）	小学生（父をケア）
19.8 / 80.2	13.2 / 86.8

中学生	高校生（全日制）
23.5 / 76.5	22.4 / 77.6

(%)

父母を世話している　　■父母を世話していない

出典：2020年度・2021年度実態調査より

次に「祖父母」（特に高齢で介護が必要）をケアする割合が高い

　次に小・中・高校生ともに、お世話を必要とする家族として高い割合にあるのは「祖父母」でした。

・小学生　祖母：10.3%、祖父：5.5%
・中学生　祖父母：14.7%
・高校生　祖父母：16.1〜22.5%

　ケアの相手である「祖父母」が置かれている状況として、小・中・全日制高校生の回答は「高齢」「（要）介護」「認知症」の順に最も多い割合でした。高齢のためであったり、すでに要介護状態や認知症のある祖父母のケアを行っている子どもたちが多いことがわかりました。

FIGURE 8　祖父母のケアについての内容

▼世話をしている祖父母の状況　(%)

	高齢（65歳以上）	要介護（介護が必要な状態）	認知症	身体障がい	知的障がい	精神疾患、依存症（疑い含む）	精神疾患、依存症以外の病気	その他	わからない	無回答
小学生	63.0	21.0	19.8	11.1	1.2	1.2	12.3	4.9	11.1	14.8
中学生（2年）	80.9	27.7	19.1	17.0	6.4	8.5	8.5	6.4	—	8.5
高校生（全日制2年）	76.8	33.3	23.2	17.4	7.2	5.8	8.7	8.7	—	5.8

出典：2020年度・2021年度実態調査より

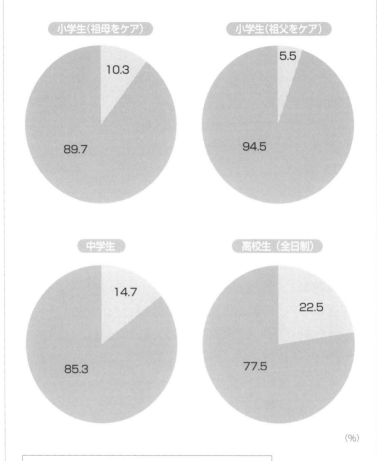

小学生（祖母をケア）
10.3
89.7

小学生（祖父をケア）
5.5
94.5

中学生
14.7
85.3

高校生（全日制）
22.5
77.5

(%)

祖父母を世話している　■祖父母を世話していない

出典：2020年度・2021年度実態調査より

**筆者の解釈：「無回答」「わからない」から見える子ども
たちへの関わり方**

　子どもたちが回答の中で「わからない」と答えていることも注目
すべきです。「わからない」ということは、いったいなぜ家族にケ
アが必要なのか、不安を抱えたり、混乱したり、戸惑いの中で子ど
もたちはケアを行っている可能性があります。

　また「無回答」という答えも、留意すべきでしょう。その理由に
は様々あると思いますが、その中には「わからない」という意味も
含まれているでしょうし、「答えたくない」という意味も込められ
ているでしょう。

　特に父母の状況について、「わからない」「無回答」という回答が
多かったことは見過ごせません。例えば、家族に偏見を持ってほし
くない、もしくは家族のことを伝えることへの不安感などがあるよ
うにも思えます。

　この調査はアンケートということもありますので、調査する人た
ちと子どもたちとの関係が築けていないことも理由かもしれませ
ん。もしくは、自分が置かれている状況を説明しないことで、自分
を保っている子どもたちもいます。

　あくまでこの調査は「ヤングケアラー」の実態を大枠で捉えるた
めの調査です。実際の「ヤングケアラー」の実態は、それぞれの子
どもたちの数だけ多様です。もし周囲の大人が実態について知りた
い場合でも、子どもたちとの関係を信頼されるまで丁寧に築き上げ、
子どもたちから話してくれることを待つ姿勢が大事なように思いま
す。

どんなケアを担うことが多い？

実態調査を通じて、「ヤングケアラー」がケアする相手にどんな
ケアを行う割合が高いのかについて、説明します。

1 きょうだいへは「見守り」「家事」「お世話・送迎」を担う割合が高い

子どもたちはきょうだいへお世話する割合が高いことがわかりましたが、そのケアの内容については、「見守り」や「家事（食事の準備や掃除、洗濯）」、「きょうだいの世話や保育所等への送迎など」の順で割合が高い傾向にあります。

それ以外にも、「身体的な介護（入浴やトイレのお世話など）」「感情面のサポート」なども、高い傾向にあります。

2 筆者の解釈：子どもたちの「家事」の割合

きょうだいへのケアの割合については、きょうだいが幼い場合やそれ以外の場合、そして小学生・中学生・高校生それぞれの学年についても、似たような割合になっていますが、一方で「家事」については、小学生が約3割、中学生は約4割、高校生は約5割とだんだん割合が高くなっています。

これは子どもたちが成長するにつれて、「見守り」「世話・送迎」「身体的な介護」「感情面のサポート」というきょうだい個別のケアだけでなく、家族の「家事（食事の準備や掃除、選択）」全般を担うようになっているとも理解しえます。

FIGURE 9

ケアの内容分担

●小学生がきょうだいを世話する内容

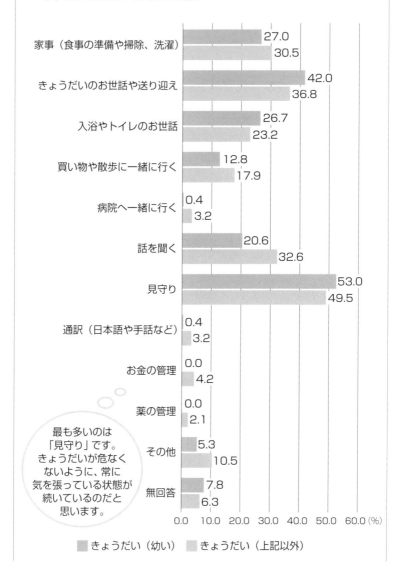

内容	きょうだい（幼い）	きょうだい（上記以外）
家事（食事の準備や掃除、洗濯）	27.0	30.5
きょうだいのお世話や送り迎え	42.0	36.8
入浴やトイレのお世話	26.7	23.2
買い物や散歩に一緒に行く	12.8	17.9
病院へ一緒に行く	0.4	3.2
話を聞く	20.6	32.6
見守り	53.0	49.5
通訳（日本語や手話など）	0.4	3.2
お金の管理	0.0	4.2
薬の管理	0.0	2.1
その他	5.3	10.5
無回答	7.8	6.3

0.0 10.0 20.0 30.0 40.0 50.0 60.0 (%)

■ きょうだい（幼い）　■ きょうだい（上記以外）

最も多いのは「見守り」です。きょうだいが危なくないように、常に気を張っている状態が続いているのだと思います。

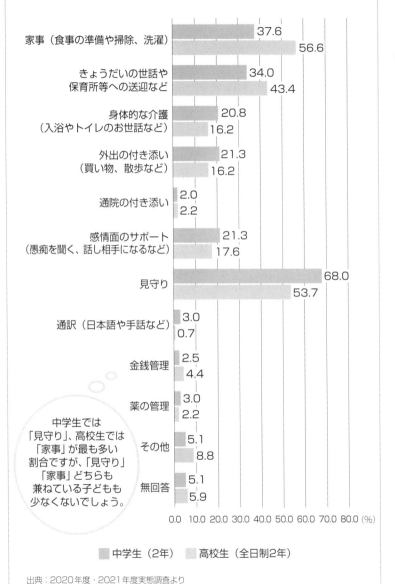

●中高生がきょうだいを世話する内容

内容	中学生（2年）	高校生（全日制2年）
家事（食事の準備や掃除、洗濯）	37.6	56.6
きょうだいの世話や保育所等への送迎など	34.0	43.4
身体的な介護（入浴やトイレのお世話など）	20.8	16.2
外出の付き添い（買い物、散歩など）	21.3	16.2
通院の付き添い	2.0	2.2
感情面のサポート（愚痴を聞く、話し相手になるなど）	21.3	17.6
見守り	68.0	53.7
通訳（日本語や手話など）	3.0	0.7
金銭管理	2.5	4.4
薬の管理	3.0	2.2
その他	5.1	8.8
無回答	5.1	5.9

中学生では「見守り」、高校生では「家事」が最も多い割合ですが、「見守り」「家事」どちらも兼ねている子どもも少なくないでしょう。

0.0 10.0 20.0 30.0 40.0 50.0 60.0 70.0 80.0 (%)

■ 中学生（2年）　■ 高校生（全日制2年）

出典：2020年度・2021年度実態調査より

父母へは「家事」「外出の付き添い」「感情面のサポート」等を担う割合が高い

　次に割合が高い父母へのケアの内容については、いずれも「家事」の割合が高い状況です。その他にも、「外出の付き添い」「見守り」「感情面のサポート」なども高い割合にあります。

　また小学生では「病院へ一緒に行く」こともある一方で、「無回答」の割合も高くなっています。中高生になると、「身体的な介護」や「金銭管理」などの割合も増えている一方で、無回答の割合も少なくありません。

4　筆者の解釈：「家事」全般と父母の個別ケア

　「家事」が他の事項に比べて突出して多いのは、本来「家事」を担う父母にケアが必要になったため、子どもたちが代わって行っていることが多いからであると考えられます。

　また、同時に「外出の付き添い」「見守り」「感情面のサポート」など、父母の個別のケアを子どもたちは担っていることも多く、父母にケアが必要になった場合「家事」全般と合わせて、個別的なケアを子どもたちが担っている様子がわかります。

　また「無回答」が約1〜2割いることにも注目すべきでしょう。項目に当てはまるものはないがどう言葉にしたらよいかわからない子や、行っていても答えたくないという子どもたちもいるように思います。これは1-4節で言及した、父母の状況について「無回答」や「わからない」と回答したことと共有する点もあります。

10 父母のケアについての役割分担

●小学生が父母を世話する内容

家事（食事の準備や掃除、洗濯）　50.0

きょうだいのお世話や送り迎え　6.8

入浴やトイレのお世話　8.1

買い物や散歩に一緒に行く　18.9

病院へ一緒に行く　13.5

話を聞く　17.6

見守り　8.1

通訳（日本語や手話など）　6.8

お金の管理　8.1

薬の管理　6.8

その他　2.7

無回答　18.9

0.0　10.0　20.0　30.0　40.0　50.0 (%)

「無回答」の割合が2番目に高いことには注意が必要です。答えたくない、または言語化が難しいなどの理由が考えられます。

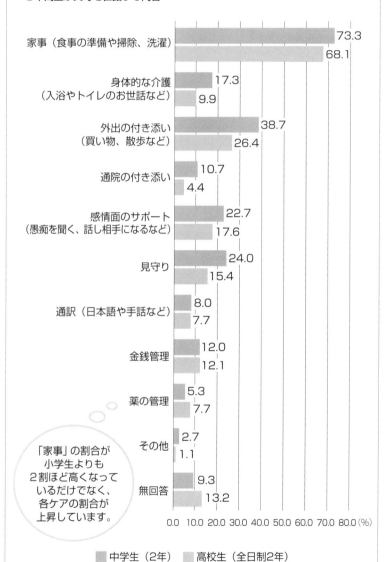

●中高生が父母を世話する内容

家事（食事の準備や掃除、洗濯）
- 中学生（2年）: 73.3
- 高校生（全日制2年）: 68.1

身体的な介護（入浴やトイレのお世話など）
- 中学生（2年）: 17.3
- 高校生（全日制2年）: 9.9

外出の付き添い（買い物、散歩など）
- 中学生（2年）: 38.7
- 高校生（全日制2年）: 26.4

通院の付き添い
- 中学生（2年）: 10.7
- 高校生（全日制2年）: 4.4

感情面のサポート（愚痴を聞く、話し相手になるなど）
- 中学生（2年）: 22.7
- 高校生（全日制2年）: 17.6

見守り
- 中学生（2年）: 24.0
- 高校生（全日制2年）: 15.4

通訳（日本語や手話など）
- 中学生（2年）: 8.0
- 高校生（全日制2年）: 7.7

金銭管理
- 中学生（2年）: 12.0
- 高校生（全日制2年）: 12.1

薬の管理
- 中学生（2年）: 5.3
- 高校生（全日制2年）: 7.7

その他
- 中学生（2年）: 2.7
- 高校生（全日制2年）: 1.1

無回答
- 中学生（2年）: 9.3
- 高校生（全日制2年）: 13.2

0.0 10.0 20.0 30.0 40.0 50.0 60.0 70.0 80.0 (%)

「家事」の割合が小学生よりも2割ほど高くなっているだけでなく、各ケアの割合が上昇しています。

■ 中学生（2年） ■ 高校生（全日制2年）

出典：2020年度・2021年度実態調査より

5 祖父母へは「感情面のサポート」「見守り」「家事」を担う割合が高い

続いて割合の高い祖父母へのケアの内容について割合が高いものは、「見守り」「感情面のサポート」「家事」となっています。

また小・中学生は高校生と比べて「外出の付き添い（買い物、散歩など）」の割合が高くなっている一方で、高校生は「身体的な介護」の割合が小中学生に比べて高い傾向にあります。

6 筆者の解釈：より責任や負担が重くなるケアへ

祖父母へのケアは、小学生のうちは「見守り」「話を聞く」といった個別的なケアが中心となり、合わせて「家事」を行う小学生も多くいます。さらに小中学生では「外出の付き添い」の割合も高く、中学生では「家事」の割合も増加しています。

高校生になると、祖父母が高齢・要介護・認知症のため、外出することが難しく、「身体的な介護」や「通院の付き添い」さらには「薬の管理」など、より責任や負担の重いケアの割合が増えていると理解できます。

7 ケアの相手よってケアの内容は様々

本節では、ケアの相手によってこども達が担うケアの内容が変わる場合があることがわかりました。

一方で、ここで取り上げている実態調査はアンケート調査をもとにしているため、実際に子どもたちが担うケアの内容はより多様です。ケアの相手が置かれている状況によっても、その内容は変わってきます。

そのため子どもたちが担うケアの内容によっても、そのサポートの方法は変わってくるでしょう。

11 祖父母のケアの内容

●小学生が祖父母を世話する内容

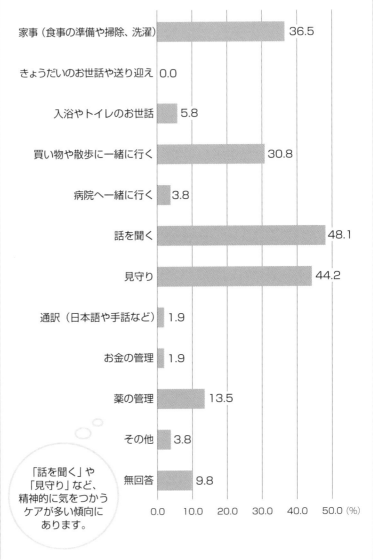

内容	%
家事（食事の準備や掃除、洗濯）	36.5
きょうだいのお世話や送り迎え	0.0
入浴やトイレのお世話	5.8
買い物や散歩に一緒に行く	30.8
病院へ一緒に行く	3.8
話を聞く	48.1
見守り	44.2
通訳（日本語や手話など）	1.9
お金の管理	1.9
薬の管理	13.5
その他	3.8
無回答	9.8

0.0 10.0 20.0 30.0 40.0 50.0 (%)

「話を聞く」や「見守り」など、精神的に気をつかうケアが多い傾向にあります。

32

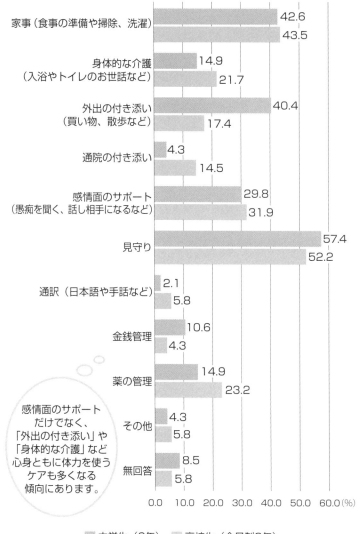

●中高生が祖父母を世話する内容

内容	中学生（2年）	高校生（全日制2年）
家事（食事の準備や掃除、洗濯）	42.6	43.5
身体的な介護（入浴やトイレのお世話など）	14.9	21.7
外出の付き添い（買い物、散歩など）	40.4	17.4
通院の付き添い	4.3	14.5
感情面のサポート（愚痴を聞く、話し相手になるなど）	29.8	31.9
見守り	57.4	52.2
通訳（日本語や手話など）	2.1	5.8
金銭管理	10.6	4.3
薬の管理	14.9	23.2
その他	4.3	5.8
無回答	8.5	5.8

感情面のサポートだけでなく、「外出の付き添い」や「身体的な介護」など心身ともに体力を使うケアも多くなる傾向にあります。

0.0　10.0　20.0　30.0　40.0　50.0　60.0（%）

■ 中学生（2年）　■ 高校生（全日制2年）

出典：2020年度・2021年度実態調査より

CHAPTER 1 「ヤングケアラー」とはどんな子どもたち？

33

誰とケアを行っているか？

実態調査を通じて、子どもたちが誰とケアを行っているのかについて、説明します。

1 母親とが最も多く、続いて父親もしくはきょうだいと一緒にケアを行う割合が高い

一緒に世話を行う人については、小・中・高校生のいずれも「母親」の割合が約5割前後と最も高い割合にあります。続いて、「父親」もしくは「きょうだい」の割合が高くなっています。

2 自分のみでケアを行う子どもたちが1割いる

家族のケアを行う子どもたちのうち、誰とも一緒にケアをせず、自分のみでケアを行っている子どもたちも、小・中・高いずれも約1割います。

3 福祉サービスを使用しながらケアを行う子どもたちは 1割満たない

福祉サービスを利用してヘルパーさんなどと一緒にケアを行っている子どもたちは、いずれの学年も数%ほどの割合しかありません。特に小学生は2.4%とかなり低い割合にあります。

アンケートからは福祉サービスそのものを利用している割合まではわかりませんが、子どもたちが家族や親戚以外の外部の人と一緒にケアを行う割合は極めて低いことがわかります。

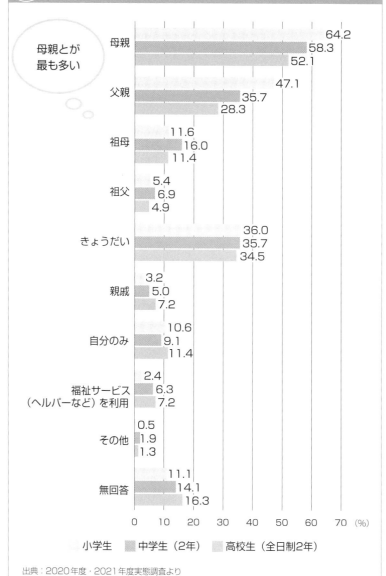

FIGURE

12 誰とケアを行っているか

母親とが
最も多い

	小学生	中学生（2年）	高校生（全日制2年）
母親	64.2	58.3	52.1
父親	47.1	35.7	28.3
祖母	11.6	16.0	11.4
祖父	5.4	6.9	4.9
きょうだい	36.0	35.7	34.5
親戚	3.2	5.0	7.2
自分のみ	10.6	9.1	11.4
福祉サービス（ヘルパーなど）を利用	2.4	6.3	7.2
その他	0.5	1.9	1.3
無回答	11.1	14.1	16.3

0　10　20　30　40　50　60　70 （%）

小学生　中学生（2年）　高校生（全日制2年）

出典：2020年度・2021年度実態調査より

筆者の解釈：周りから見えづらい「ヤングケアラー」

　家族の世話を行っている子どもたちの多くは母親・父親・きょうだいたちとケアを一緒に行っています。両親やきょうだいによるケアが主に見えている場合、子どもたちがケアを行っていたとしても、周囲が気付かないことがあります。

　特に家族のケアを行う子どもたちの9割以上は、福祉サービスを使用してヘルパーさんと一緒にケアを行っているわけではないため、家族・親戚以外の第3者が気付くことが難しい状態にあります。

　また約1割の子どもたちは誰の力も借りずに1人でケアを行っていることから、家族にケアが必要な人がいるということ自体、周りが気付きづらい可能性もあります。

　周囲が「ヤングケアラー」に気付くことが難しいという点は、特に第2章で扱います。

FIGURE **13**　周りから見えづらいヤングケアラー

子どもたちの
家族のケアは
見えにくい

ケアにどのくらい時間をかけている？ またどのくらい負担があると感じている？

実態調査を通じて、「ヤングケアラー」がケアにどのくらいの時間かけているのかについて、説明します。

1 家族のケアを行う子どもの大半は日常的にケアを行っている

ケアの頻度についての質問に対しては、半数以上が「ほぼ毎日」と答えています。続いて「週3〜5日」、「週に1〜2日」という回答が多く、子どもたちの多くは日常的に家族のケアを行っているということがわかりました。

2 平日1日あたり3時間〜4時間ケアに時間を費やしている

平日1日あたりの家族のケアに費やす平均時間は、小学生は2.9時間、中学生は4.0時間、全日制高校生は3.8時間となっています。

なかでも平均7時間以上を家族のケアに費やしているという子どもたちが1割前後いることもわかりました。

3 筆者の解釈：子どもたちが自分のために費やせる時間は日常的に少ない

データから、例えば8時から16時ごろまで学校がある子どもたちは、朝早く起きたり、帰ってすぐにケアを行ったりするために、自分の時間がとれるのは夜頃になるでしょう。それでもヘトヘトになっていたり、急にケアが必要になることもあることから、趣味だったり勉強だったりに集中することも簡単ではありません。たとえケアを行っていない時間でも、家族のことを心配したり、気に掛けたりもあれば、常に気を張っていて、精神的にも疲れるはずです。

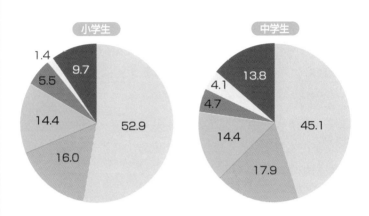

14 ケアに費やす日にち

小学生
- 1.4
- 9.7
- 5.5
- 14.4
- 16.0
- 52.9

中学生
- 13.8
- 4.1
- 4.7
- 14.4
- 17.9
- 45.1

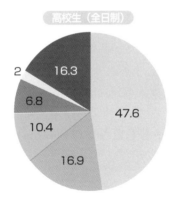

高校生（全日制）
- 2
- 16.3
- 6.8
- 10.4
- 16.9
- 47.6

(%)

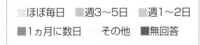

■ ほぼ毎日　■ 週3〜5日　■ 週1〜2日
■ 1ヵ月に数日　　その他　■ 無回答

出典：2020年度・2021年度実態調査より

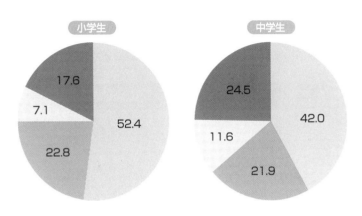

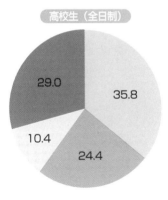

FIGURE 15　ケアに費やす時間

小学生

17.6 ／ 7.1 ／ 22.8 ／ 52.4

中学生

24.5 ／ 11.6 ／ 21.9 ／ 42.0

高校生（全日制）

29.0 ／ 10.4 ／ 24.4 ／ 35.8

(%)

■ 3時間未満　■ 3〜7時間未満　■ 7時間以上　■ 無回答

出典：2020年度・2021年度実態調査より

4 「やりたいけど、できていないこと」は「特にない」という子どもたち

　1日の多くの時間をケアに費やしている子どもたちですが、「世話をしていることで、やりたいけど、できていないことはありますか。」という質問に対しては「特にない」という回答が、通信制高校生を除き、どの学年も最も多い回答になっています。

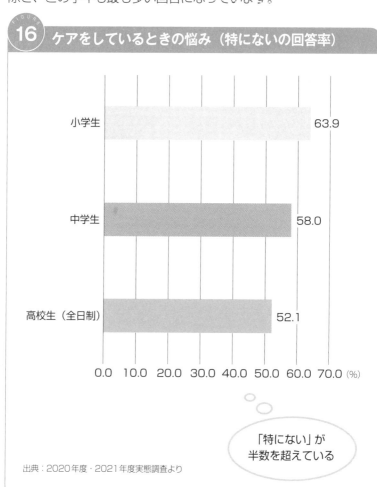

FIGURE 16　ケアをしているときの悩み（特にないの回答率）

小学生　63.9

中学生　58.0

高校生（全日制）　52.1

0.0　10.0　20.0　30.0　40.0　50.0　60.0　70.0 (%)

「特にない」が
半数を超えている

出典：2020年度・2021年度実態調査より

5　かつ多くの子が「特にきつさは感じていない」と答えている

　また「お世話することにきつさを感じていますか」という質問に対しても、「特にきつさは感じていない」という回答が、通信制高校生を除き、どの学年も最も多い回答になっています。

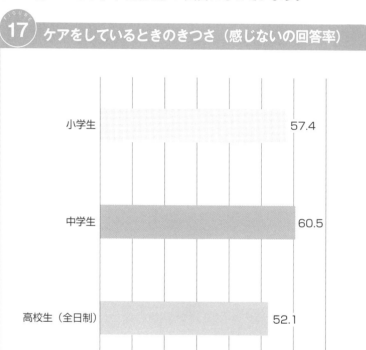

FIGURE 17　ケアをしているときのきつさ（感じないの回答率）

小学生　　　　　　　　　　　　　　　　　57.4

中学生　　　　　　　　　　　　　　　　　　60.5

高校生（全日制）　　　　　　　　　　52.1

0.0　10.0　20.0　30.0　40.0　50.0　60.0　70.0 (%)

きつさを感じていない
という回答が多い

出典：2020年度・2021年度実態調査より

41

6 筆者の解釈：「特にない」という回答は、子どもたちの葛藤でもある

　家族をケアする子どもたちの約5～6割は、やりたいけどできていないことは特になく、特にきつさも感じていないと答えています。

　ですが、学校生活に8時間ほど費やしながら、家族のケアに3～4時間ほど平均で費やせば、1日の半分は学校生活や家族のケアに費やしていることになります。

　それでも多くの子どもたちが「特にない」「特にきつさは感じていない」と回答するのは、様々な理由があります。もちろんケアのあり方は様々ですので、本当にそう感じている子どもたちもいるでしょう。

　一方で、「やりたいけど、できていないことがある」もしくは「きつさを感じている」と回答すること自体が、子どもたちにとってつらい体験であることもあります。

　子どもたちはこれまでなんとか家族のケアを必死でこなしてきました。やりたいことができなかったり、つらいなと感じたりした瞬間もあったでしょう。

　ですが、「家族がつらいのに自分がつらいと言って良いのだろうか」という罪悪感を持ったり、「つらいと自覚したら、よけいに自分がつらくなる」としてあえて自覚したりしたくない子どもたちもいます。

　自分が「ヤングケアラー」であるという自覚は、もちろん大事なことでもあります。ですが、子どもたちにとっては、これまでの日常をひっくり返される感覚を持つ場合もあります。

　そのため周囲の大人は、「あなたはヤングケアラーだよ」と子どもたちに伝えるというよりも、むしろ子どもたちとの信頼関係を日常的に作る中で、「ヤングケアラー」という言葉を使わずとも、子どもたちから悩みなどを聴ける関係性を作ることが重要だと考えています。

CHAPTER 1-8 どんな影響がある？

実態調査を通じて、「ヤングケアラー」であることによる子どもたちの影響について、考えます。

1 やりたいけれど、できないこと

1-7節で紹介したように、確かに「やりたいけど、できていないことはありますか。」という質問に対して「特にない」という回答が多くありました。ですが、本当にそうなのでしょうか。「特にない」以外の回答には子どもたちの影響が現れています。

いずれの学年も多くの子どもたちは「自分の時間が取れない」「宿題をする時間や勉強する時間が取れない」「友人と遊ぶことができない」「睡眠が十分に取れない」という回答をしています。

特に通信制高校生の回答は、他の学年に比べて「特にない」という回答の割合が低く、「自分の時間が取れない」が約4割、「友人と遊ぶことができない」が約3割、「勉強」や「睡眠」の時間が取れない子が2割から3割弱いることがわかっています。

子どもたちの回答からは、家族のケアに時間を費やす中で、自分の時間を取ることができない悩みが伺えます。友達と遊べず、宿題や勉強をする時間や、寝る時間すら削らないといけない子が多くいます。

「特にない」という割合が高い背景には、1-7節の最後で説明したような子どもたちの葛藤があるように思います。「特にない」と子どもたちが答えざるを得ない状況はなぜなのかについて考えることは、子どもたちの関わり方を考える上でも重要です。

18 ケアのためにできないこと

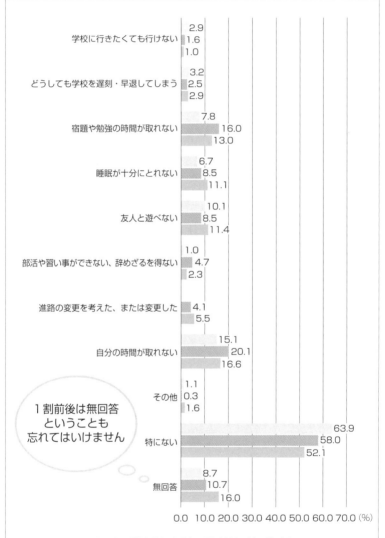

項目	小学生	中学生（2年）	高校生（全日制2年）
学校に行きたくても行けない	2.9	1.6	1.0
どうしても学校を遅刻・早退してしまう	3.2	2.5	2.9
宿題や勉強の時間が取れない	7.8	16.0	13.0
睡眠が十分にとれない	6.7	8.5	11.1
友人と遊べない	10.1	8.5	11.4
部活や習い事ができない、辞めざるを得ない	1.0	4.7	2.3
進路の変更を考えた、または変更した		4.1	5.5
自分の時間が取れない	15.1	20.1	16.6
その他	1.1	0.3	1.6
特にない	63.9	58.0	52.1
無回答	8.7	10.7	16.0

1割前後は無回答
ということも
忘れてはいけません

0.0 10.0 20.0 30.0 40.0 50.0 60.0 70.0 (%)

出典：2020年度・2021年度実態調査より

世話のきつさ

また「お世話することにきつさを感じていますか」という質問に対しても、確かに「特にきつさは感じていない」という回答は多い傾向にあります。

ですが、いずれの学年でも体力面・精神面のきつさや時間の余裕がないと回答している子どもたちは約1割から3割いることがわかっています。

中でも通信制高校生の回答は、他の学年に比べて「精神的にきつい」が4割を越え、時間的に余裕がないという回答も3割以上、身体的にきつさを感じている回答も2割弱ありました。

 筆者の解釈：身近にいるこども達もそう答えている可能性が高い

今回の実態調査のデータから、「ヤングケアラー」と思われる子ども達は、実際に周囲の大人に対しても、「やりたいけど、できていないことはない」「特にきつさは感じていない」と答えたり、そのように振る舞っていたりする可能性があります。

子ども達としては、アンケートとしてはそのように答えざるを得なかったのかもしれません。どこのだれかわからない人に、自分の状況について伝えることに躊躇があった可能性もあるでしょう。

ですが子ども達と関係性を作ることで、「特にない」という答えが少しずつ変わってくる可能性もあります。「実は……」と話してくれることもあるでしょう。

周囲の大人としてできることは、こども達が特に問題がないように見えていたとしても、こども達のことを気に掛け続けることが重要です。

ケアの大変さ

FIGURE 19

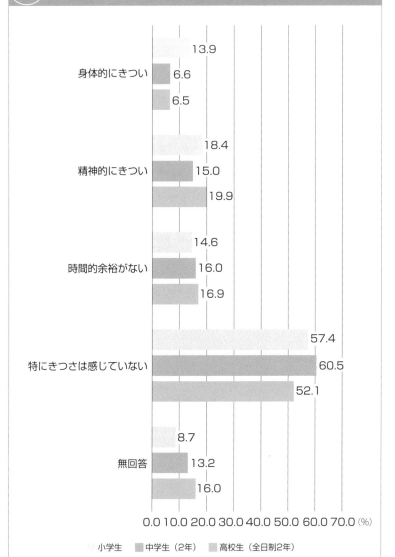

身体的にきつい
- 13.9
- 6.6
- 6.5

精神的にきつい
- 18.4
- 15.0
- 19.9

時間的余裕がない
- 14.6
- 16.0
- 16.9

特にきつさは感じていない
- 57.4
- 60.5
- 52.1

無回答
- 8.7
- 13.2
- 16.0

0.0 10.0 20.0 30.0 40.0 50.0 60.0 70.0 (%)

小学生　　中学生（2年）　　高校生（全日制2年）

出典：2020年度・2021年度実態調査より

4 学校から見た影響

　また実態調査では学校へのアンケート調査も行われており、「ヤングケアラー」と思われる子どもの学校の状況については、「学校を休みがちである」「精神的な不安定さがある」「遅刻や早退が多い」「学力が低下している」などの回答が約3割〜6割と多く見られています。

　一方自由回答欄では、精神面への影響に関する記述が多く挙げられている点は特徴的です。

　学校の先生からの回答は、子どもたちの回答だけでは見えなかった影響が見えてきました。学校生活や学業への少なくない影響がわかりました。とりわけ、「精神的な不安定さがある」という回答は注目すべきでしょう。

　家族のケアを行う子どもたちは自分の時間を取れない中で、学校を休んだり遅刻早退したりせざるをえず、かつ精神的に不安定になる可能性があるとわかりました。

5 「特にない」「特にきつさを感じていない」は子どもたちからのサインの可能性あり

　アンケートを見ると、家族をケアする子どもたちは、世話のきつさは「特にない」と言いながらも、一方で精神的な健康に影響が出ている可能性があります。身体的にも、時間的にも余裕がない中で、自分の時間がなく、睡眠も取れない状態で、友達とも遊ぶ時間を取れず、勉強する時間もないことで、学校生活にも様々な影響が出ていることがわかりました。

　子どもたちの「特にない」や「特にきつさは感じていない」という回答は、毎日懸命に家族をケアするなかで、自分の疲れや限界に気付かずに頑張り続けているというサインでもあることが伺えます。

20 ケアによる生活への影響

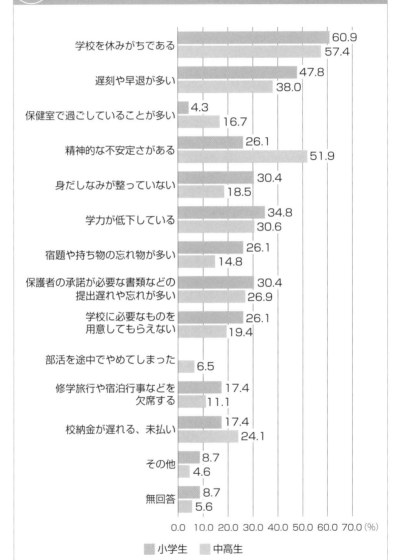

学校を休みがちである 60.9 / 57.4

遅刻や早退が多い 47.8 / 38.0

保健室で過ごしていることが多い 4.3 / 16.7

精神的な不安定さがある 26.1 / 51.9

身だしなみが整っていない 30.4 / 18.5

学力が低下している 34.8 / 30.6

宿題や持ち物の忘れ物が多い 26.1 / 14.8

保護者の承諾が必要な書類などの提出遅れや忘れが多い 30.4 / 26.9

学校に必要なものを用意してもらえない 26.1 / 19.4

部活を途中でやめてしまった 6.5

修学旅行や宿泊行事などを欠席する 17.4 / 11.1

校納金が遅れる、未払い 17.4 / 24.1

その他 8.7 / 4.6

無回答 8.7 / 5.6

0.0 10.0 20.0 30.0 40.0 50.0 60.0 70.0 (%)

■ 小学生　■ 中高生

出典：2020年度・2021年度実態調査より

まとめ

CHAPTER 1 のまとめ

❶ヤングケアラーの定義：「本来大人が担うと想定されている家事や家族の世話などを日常的に行っている子ども」（こども家庭庁の説明）

❷ヤングケアラーは、多様な相手に多様なケアを行っている

❸子どもたちの約20人に1人はヤングケアラー

❹ケアの相手は、きょうだい、父母、祖父母の順に多い

❺ケアの内容は、「家事」「見守り」「感情面のサポート」などが多い

❻ケアを一緒に行う相手は、母親が最も多く、続いて父親もしくはきょうだいが多い

❼ケアを行う頻度は、ほぼ毎日が最も多く、平均3〜4時間の時間を費やしている

❽ケアを行う影響は、「自分の時間が取れない」「勉強する時間が取れない」「友人と遊ぶことができない」「睡眠が十分に取れない」など様々

MEMO

CHAPTER

2

「ヤングケアラー」
支援にあたっての課題

　第2章では、「ヤングケアラー」の支援にあたっての難しさや課題について説明していきます。

　本章を通じて、

①「ヤングケアラー」について知り、気付くことがまず支援の第一歩であること

②ですが、最も重要なのは「ヤングケアラー」がみんな、支援を求めているわけではないということを知ること

③周囲の大人としてできることは、「ヤングケアラー」の置かれている状況は様々であり、求めていることは様々であることを念頭に置きながら、子どもたちから話をしてくれたときに、具体的に対応できるような準備ができることが重要であること

を伝えていきます。

「ヤングケアラー」の認知度

2021年度の実態調査を通じて、周囲の大人の「ヤングケアラー」に関する認知度について説明していきます。

1 「ヤングケアラー」について知っている人は約3割

2021年度のヤングケアラーに関する実態調査の中では、一般国民向けにヤングケアラーの認知度調査が行われています。

そのうちヤングケアラーについて「聞いたことがあり、内容も知っている」と回答した人は約3割弱、「聞いたことはあるが、よく知らない」が2割強、そして「聞いたことはない」という人が約半数いることがわかりました。

2 「ヤングケアラー」への対応について「わからない」「何もしない」が半数以上

ではヤングケアラーと思われる子どもと出会った場合、一般の人たちはどのような対応を行うという回答が多いのでしょうか。

回答のうち最も多かったものは「わからない」で約4割でした。そして「何もしない」という回答は16.2%でしたので、半数を超える一般の方が「わからない」「何もしない」と答えています。

「何もしない」と答えた方の理由として最も多かったものは、「どのように対応したらよいのかわからない」が3割でした。対応がわからないので、何も行動できないという人がかなり多くいることがわかります。

21 ヤングケアラーの認知度

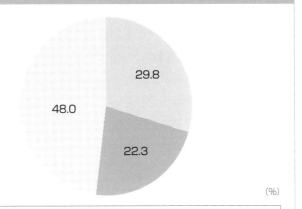

29.8

48.0

22.3

(%)

聞いたことがあり、内容も知っている ■ 聞いたことはあるが、よく知らない
聞いたことはない

出典：2021年度調査、p309

22 ヤングケアラーと思われる子どもがいた場合の対応

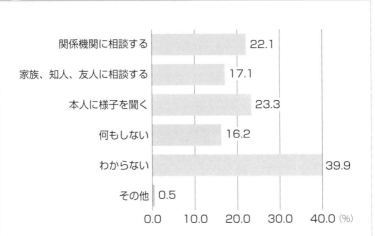

関係機関に相談する	22.1
家族、知人、友人に相談する	17.1
本人に様子を聞く	23.3
何もしない	16.2
わからない	39.9
その他	0.5

0.0　　10.0　　20.0　　30.0　　40.0 (%)

出典：2021年度調査、p312

「ヤングケアラー」について知っている人は何かしらの対応を取ることが多い

　一方で、ヤングケアラーと思われる子どもと出会った場合に、「関係機関に相談する」「家族、知人、友人に相談する」「本人に様子を聞く」といった対応を取る人の多くは、ヤングケアラーについて、「聞いたことがあり、内容も知っている」と回答しています。

　とはいえ、「聞いたことがあり、内容も知っている」と答えた人も、約3割が「何もしない」「わからない」と答えていることも見過ごせません。

筆者の解釈：ヤングケアラーの認知度と対応と本書のねらいについて

　もちろんヤングケアラーと出会った場合、どのような対応を取るのが良いのかわからない人がほとんどでしょう。CHAPTER 4でも取り上げますが、自治体もどのような対応をとるべきか試行錯誤の段階にあります。

　ですが、ヤングケアラーについて知ることが、周囲の大人の対応につながる傾向にあることがわかりました。

　調査から2年以上が経った2023年現在では、テレビや新聞での報道なども数多くされていますので、この調査よりも認知度は上がっていると思われます。CHAPTER 4で後述しますが、政府は一般国民の認知度を上げるために、2022年度から2024年度までの3年間をヤングケアラーに関する社会的認知度の向上に関する「集中取組期間」として、啓発イベントなども数多く行っています。

　2023年の時点では、「聞いたことはない」の割合がぐっと減って、それ以外の項目が増えている可能性が高いです。一方で、「聞いたことがあり、内容も知っている」と答える人の割合は大きくは増え

ていない可能性もあります。「内容も知っている」と答えられるまでには、自分からイベントに参加したり、本を読んだり、メディアでの特集に関心を寄せたりといった、自発的に調べたり知ったりするプロセスがあると思われます。

　本書では、読者の方がヤングケアラーについて「聞いたことがあり」かつ、「内容も知っている」と回答でき、かつヤングケアラーと思われる子どもと出会った場合に、何かしらの対応ができるようなヒントを提供したいと思っています。

FIGURE 23　ヤングケアラーの認知度と対応

> 読者の方々が答えるときには、『聞いたことがあり、内容も知っている』そして何かしらの対応を取っているという回答を増やすことが、本書の狙いです

(%)

	関係機関に相談する	家族、知人、友人に相談する	本人に様子を聞く	何もしない	わからない	その他
聞いたことがあり、内容も知っている	39.9	25.9	40.4	8.9	21.7	0.1
聞いたことはあるが、よく知らない	21.8	18.8	23.1	17.0	36.6	0.8
聞いたことはない	11.5	10.9	13.2	20.2	52	0.6

出典：2021年度調査、p327

公的支援機関の認識度と
登録ケース数

2020年度の実態調査を通じて、「ヤングケアラー」に関する公的な支援機関の認識度と登録数の関係について説明していきます。

1 「ヤングケアラー」のケース登録数は「0人」が半数だが……

　ヤングケアラーの支援について重要な役割を持つ機関の一つとして「要保護児童対策地域協議会」というものがあります。この機関は地方公共団体で設置された公的な支援機関で、支援が必要な子どもについて、その支援内容について話し合う機関です。

　2020年度のヤングケアラーに関する実態調査では、この「要保護児童対策地域協議会」へのアンケート調査も行っています。

　アンケートの中でも注目された回答は、機関が登録するケースのうち、「ヤングケアラー」と思われる子どもが「0人」と回答した協議会が半数以上あったことでした。

　ヤングケアラーの問題が顕在化されている場所としては、要保護児童対策地域協議会と考えられていたところ、回答からは実際には登録ケースすらされていないところが多いということがわかりました。

　ですが、子どもたちへの実態調査では、約20人に1人はヤングケアラーであることがわかっています。協議会の地域に子どもが20人いれば、少なくとも1人ヤングケアラーがいる可能性が高いです。協議会の「0人」という回答は、実際にはいないのではなく、ヤングケアラーに気付くことができていないことを意味していたと思われます。

24 ヤングケアラーの子どもの登録数

		「ヤングケアラー」と思われる子ども数が0人	「ヤングケアラー」と思われる子どもが1人以上いる			「ヤングケアラー」と思われる子ども数が無回答	合計
			1〜5人	6〜10人	11人以上		
令和元年度実績	回答自治体数（「ヤングケアラー」と思われる子ども数）	509 (0件)	252 (569件)	48 (379件)	41 (1,226件)	73 (−)	923 (2,174件)

出典：2020年度実態調査、p4

なぜ調査当時「ヤングケアラー」と
思われる子どもの数が0人と
せざるをえなかったのでしょうか。
そこには「ヤングケアラー」
支援における難しい課題が
背景にありました

2 「ヤングケアラー」への認識度は高い

　一方で協議会の「ヤングケアラー」の認識度は高い傾向にあります。2019年度調査においても、「認識している」「前年までは認識していなかったが、認識するようになった」という回答を合わせると8割を越え、2020年度調査においては9割を越えて認識していることがわかります。

　「ヤングケアラー」への認識度は高い一方で、「ヤングケアラー」に気付くことができない協議会が多いという実態がわかりました。公的な支援機関が「ヤングケアラー」に気付くことが難しければ、必要な支援につながりにくくなります。

　では、どうして公的な支援機関であっても、「ヤングケアラー」に気付くことが難しいのでしょうか。

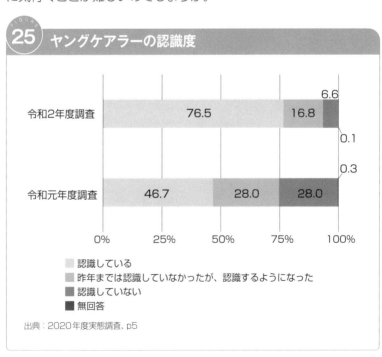

25　ヤングケアラーの認識度

令和2年度調査　76.5　16.8　6.6　0.1

令和元年度調査　46.7　28.0　28.0　0.3

0%　25%　50%　75%　100%

- 認識している
- 昨年までは認識していなかったが、認識するようになった
- 認識していない
- 無回答

出典：2020年度実態調査、p5

実態把握と早期発見の難しさ

2020年度の実態調査を通じて、公的な支援機関でも「ヤング
ケアラー」を早期発見したり、支援したりすることが難しい実態に
ついて説明します。

1 実態把握の難しさ

要保護児童対策地域協議会のうち、「ヤングケアラー」という概
念を認識している協議会に対して、「ヤングケアラー」と思われる
子どもの実態把握をしているかという質問項目があります。

回答では「該当する子どもがいない」が約4割で最も多く、「『ヤ
ングケアラー』と思われる子どもはいるが、その実態は把握してい
ない」という回答を合わせると、約7割が「ヤングケアラー」と思
われる子どもの実態について把握していないことがわかりました。

なぜ実態を把握できていないのでしょうか。

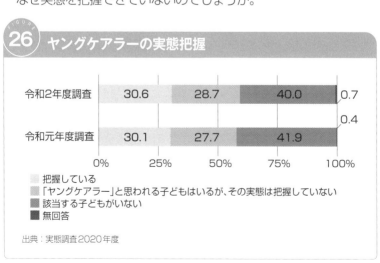

26 ヤングケアラーの実態把握

	把握している	思われる子どもはいるが把握していない	該当する子どもがいない	無回答
令和2年度調査	30.6	28.7	40.0	0.7
令和元年度調査	30.1	27.7	41.9	0.4

0%　25%　50%　75%　100%

　把握している
　「ヤングケアラー」と思われる子どもはいるが、その実態は把握していない
　該当する子どもがいない
　無回答

出典：実態調査2020年度

2 「家庭内のことで問題が表に出にくい」という難しさ

実態調査では「『ヤングケアラー』と思われる子どもはいるが、その実態は把握していない」と回答した協議会に、その理由について尋ねています。

最も多い回答は「家族内のことで問題が表に出にくく、実態の把握が難しい」という回答で、実に8割を越えています。

さらに「ヤングケアラー」である可能性を早期に発見する上での課題についての質問に対しても、「家族内のことで問題が表に出にくく、子どもの『ヤングケアラー』としての状況の把握が難しい」という回答が約8割で最も多い回答でした。

家庭内の問題だからこそ地域の中で見えづらく、「ヤングケアラー」についての実態を把握することが地域では難しく、だからこそ早期発見ができない地域の実態が推察されます。

3 子ども自身やその家族が「ヤングケアラー」という問題を認識していないという難しさ

実態把握や早期発見の難しさには、もう一つ大きな理由があります。それは「ヤングケアラーである子ども自身やその家族が『ヤングケアラー』という問題を認識していない」という点です。

先ほどのアンケート回答でも、それぞれ約7割が早期把握や実態把握の難しさをこの点を挙げています。

要保護児童対策地域協議会という公的な支援機関であっても、①家庭内ゆえ問題が表にでにくい、②子どもや家族自身が「ヤングケアラー」であるという問題を認識していない、という点が実態把握や早期発見が難しくさせていることがわかりました。

一方、2023年現在、多くの自治体が実態把握の調査を行っていることから、少しずつ実態把握がなされつつあります。

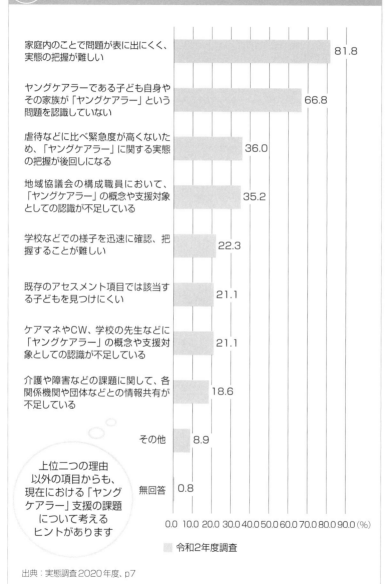

FIGURE 27　実態を把握できない理由

家庭内のことで問題が表に出にくく、実態の把握が難しい　81.8

ヤングケアラーである子ども自身やその家族が「ヤングケアラー」という問題を認識していない　66.8

虐待などに比べ緊急度が高くないため、「ヤングケアラー」に関する実態の把握が後回しになる　36.0

地域協議会の構成職員において、「ヤングケアラー」の概念や支援対象としての認識が不足している　35.2

学校などでの様子を迅速に確認、把握することが難しい　22.3

既存のアセスメント項目では該当する子どもを見つけにくい　21.1

ケアマネやCW、学校の先生などに「ヤングケアラー」の概念や支援対象としての認識が不足している　21.1

介護や障害などの課題に関して、各関係機関や団体などとの情報共有が不足している　18.6

その他　8.9

無回答　0.8

上位二つの理由以外の項目からも、現在における「ヤングケアラー」支援の課題について考えるヒントがあります

0.0　10.0　20.0　30.0　40.0　50.0　60.0　70.0　80.0　90.0 (%)

■ 令和2年度調査

出典：実態調査 2020年度、p7

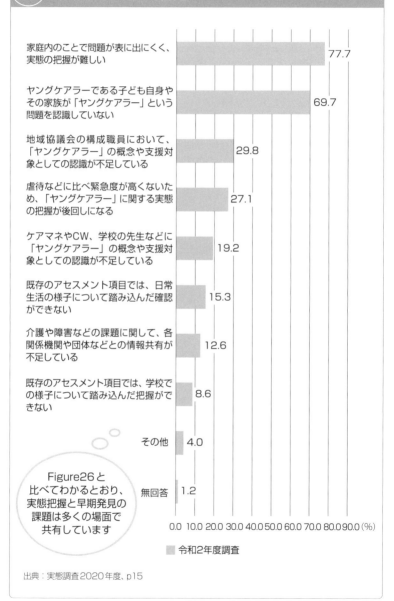

28 早期発見のための課題

家庭内のことで問題が表に出にくく、実態の把握が難しい　77.7

ヤングケアラーである子ども自身やその家族が「ヤングケアラー」という問題を認識していない　69.7

地域協議会の構成職員において、「ヤングケアラー」の概念や支援対象としての認識が不足している　29.8

虐待などに比べ緊急度が高くないため、「ヤングケアラー」に関する実態の把握が後回しになる　27.1

ケアマネやCW、学校の先生などに「ヤングケアラー」の概念や支援対象としての認識が不足している　19.2

既存のアセスメント項目では、日常生活の様子について踏み込んだ確認ができない　15.3

介護や障害などの課題に関して、各関係機関や団体などとの情報共有が不足している　12.6

既存のアセスメント項目では、学校での様子について踏み込んだ把握ができない　8.6

その他　4.0

無回答　1.2

0.0 10.0 20.0 30.0 40.0 50.0 60.0 70.0 80.0 90.0 (%)

■ 令和2年度調査

Figure26と比べてわかるとおり、実態把握と早期発見の課題は多くの場面で共有しています

出典：実態調査2020年度、p15

周囲の大人の認識度と支援の課題

実態調査を通じて、公的な機関における支援の難しさは、家族や周囲の大人の「ヤングケアラー」についての認識が大きく関わっているということについて説明します。

1 家族や周囲の大人の「ヤングケアラー」への認識がないという課題

では実際に「ヤングケアラー」を支援する際にぶつかる困難はどこにあるでしょうか。

実態調査では、要保護児童対策地域協議会が「ヤングケアラー」を支援する際にぶつかる困難についての質問項目もあります。

回答では、先ほどと同様「子ども自身がやりがいを感じていたり、自身の状況を問題として認識しておらず、支援を求めない」という回答も5割を越えています。

ですが協議会の回答で最も多かったものは、「家族や周囲の大人に子どもが『ヤングケアラー』である認識がない」という回答で、8割を超えていました。子ども自身の自覚の有無よりも、家族や周囲の大人の「ヤングケアラー」への認識の有無の方が、支援の課題に大きく関わっているのです。

確かに子どもが「ヤングケアラー」である自覚を持つことは、重要な場面もありますが、1-7節で言及したように、子どもたちが自分をヤングケアラーであると自覚する際には、葛藤や苦しさを伴うことがあります。

本調査からは、まずは周囲の家族や大人の認識を高めることが重要であることがわかりました。

2 筆者の解釈：知ることが「ヤングケアラー」への支援になる

支援する際に課題となっているのは、周囲の家族や大人の認識だとわかりました。裏を返せば、家族や周囲の大人の「ヤングケアラー」の認識を高めることができれば、公的な支援機関が子どもを支援につなげる可能性を高めることができるということです。

2-1節で取り上げたように、一般の方々の「ヤングケアラー」への認知度は約3割でした。そして「ヤングケアラー」の認知度が高い人ほど、何かしらの対応（相談や話を聞くなど）を取ることもわかりました。

まず周囲の大人にできることは「ヤングケアラー」と思われる子どもたちと出会ったときに、その子が「ヤングケアラー」である可能性に気づくことができるように、「ヤングケアラー」について理解を深めることです。それが何よりの支援につながります。

葛藤や苦しさを伴うぶん、子ども本人が「ヤングケアラー」であるという自覚は、本人が望むタイミングであることが望ましいです。周囲の大人としてできることは、子ども本人が「ヤングケアラー」について知りたくなったタイミングで伝えることができ、そして本人がつらくなったりしたときにはフォローできるような準備をすることだと思われます。

3 筆者の解釈：「ヤングケアラー」であるという自覚

支援において、確かに子どもたちが自分が「ヤングケアラー」であるという自覚が課題になることがあります。

ですがすでに説明しているとおり、子どもたちに自覚を促すことは葛藤や苦しさを伴う場合があります。そのためむやみに子どもたちに自覚を促すことは避けるべきです。むしろ子どもたちが自覚を伴わなくても、できるような支援が今後必要になると思われます。

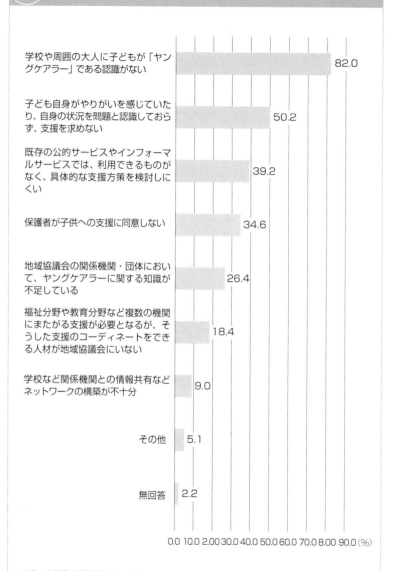

FIGURE 29 子どもを支援する際の課題

項目	値
学校や周囲の大人に子どもが「ヤングケアラー」である認識がない	82.0
子ども自身がやりがいを感じていたり、自身の状況を問題と認識しておらず、支援を求めない	50.2
既存の公的サービスやインフォーマルサービスでは、利用できるものがなく、具体的な支援方策を検討しにくい	39.2
保護者が子供への支援に同意しない	34.6
地域協議会の関係機関・団体において、ヤングケアラーに関する知識が不足している	26.4
福祉分野や教育分野など複数の機関にまたがる支援が必要となるが、そうした支援のコーディネートをできる人材が地域協議会にいない	18.4
学校など関係機関との情報共有などネットワークの構築が不十分	9.0
その他	5.1
無回答	2.2

0.0 10.0 2.00 30.0 40.0 50.0 60.0 70.0 8.00 90.0 (%)

出典：実態調査2020年度、p16

支援における考え方

ヤングケアラー支援における考え方について、埼玉県発行の『埼玉県におけるヤングケアラー支援スタートブック』を引用して説明します。

1 子どもたちのケアのあり方や考え方は様々

2−4節で要保護児童対策地域協議会が支援の課題として「子ども自身がやりがいを感じていたり、自身の状況を問題として認識しておらず、支援を求めない」という回答が5割ほどあったことは、重要なデータです。

子どもたちの中には、家族をケアすることを大事に考えている子もいます。ケアを家族の時間として考えたり、ケア自体にやりがいを感じている子もいます。

この場合、確かに支援機関としてはどのように支援をすべきかわからなくなることは確かにあると思います。

ただ一方で、もう家族のケアを行いたくない、もっとケアの時間を少なくしたい、心身がもうギリギリの状態という子もいます。またケアにやりがいを感じつつも、その子に大きな影響が出ている場合もあります。

こうした場合には、支援機関としては強力な支援が求められると思います。では、この支援のバランスをどのように考えるべきかが問題になってきます。

「ヤングケアラー」という言葉の中には、様々な状況の子ども達が含まれているため、置かれている状況も、ケアすることへの捉え方も様々であるため、支援の考え方がより一層重要です。

2 「ヤングケアラー＝支援が必要な子ども」というわけではないという視点

　自治体の中で先駆的にヤングケアラーへの取り組みを始めた埼玉県では、「ヤングケアラー」を支援したい人たちに向けて、2023年3月に『埼玉県におけるヤングケアラー支援スタートブック』を作成しています。

　冒頭、支援の考え方について、このような記載があります。

　しかしながら、ケアの内容がその子にとって「おてつだい」なのか「重い負担」なのかどうかについては、その子の能力や置かれている家庭環境によって様々であるため、一律に線引きはできません。

　そのため、「ヤングケアラー＝支援が必要な子ども」と捉えるのではなく、「家族のケアで悩みを抱えている子ども＝支援が必要な子ども」と捉える必要があります。（6ページ）

　子どもたちによって、置かれている状況も、ケアの捉え方も様々であるため、「ヤングケアラー」だから「重い負担」があるというわけではありません。「ヤングケアラー」＝「支援が必要な子ども」と一律に線引きできない点が、支援の難しいところです。

　その際に重要なのは、子どもの「悩み」に注目することです。家族のケアや自分の進路、学習面など、きっと子どもたちによって様々だと思います。その「家族のケアで悩みを抱えている」ときにこそ「支援が必要な子ども」という視点を持つことが重要です。

筆者の解釈：「ヤングケアラー＝支援が必要な子ども＝かわいそうな子ども」ではないという視点を持つこと

埼玉県は「ヤングケアラー＝支援が必要な子ども」ではないことを伝えていますが、これは「ヤングケアラー」について考える中で、最も重要なことです。

家族のケアを担う子どもたちが一概に「支援が必要な子ども」と捉えられてしまうことは、逆に子どもたちが支援につながりにくくなる可能性を高めます。

・「私はそれほど大変じゃないから支援されなくていい」
・「もっと大変な子はいるから、私は大丈夫」
・「支援されることで、周りの人から『かわいそう』と思われたくない」

そう思う子どもたちもいます。支援の対象になることで、むしろ他の人からの偏見をもたれることや、「かわいそうな子」という見方をされることを避けたいと思う子がいます。支援につながりたくないと思う子がいるのも、こうした思いがあれば当然だと思います。

そのために、まず理解ある人たちから「ヤングケアラー」というのは、「かわいそうな子」でも、「支援が必要な子ども」でもなく、多様なケアを行う多様な子どもたちが含まれていることを理解することが重要です。

2023年現在、多くのテレビや新聞で「ヤングケアラー」という言葉が聞かれるようになりました。今後重要なのは「ヤングケアラー」＝「支援が必要な子ども」ではないという視点を持てる人がどれだけいるかだと感じています。

4 ヤングケアラー支援の考え方

　ヤングケアラーを支援する際の考え方として参考になるのは、先ほど引用した『スタートブック』6ページにおける「ヤングケアラー支援の考え方」という図です。もちろん子どもたちが言葉では「支援を求めていない」と言うからといって、支援をしないことは、これまでの実態調査のデータから危ういことがわかるでしょう。子どもたち自身に影響があるにも関わらず、悩みを話すことが難しい場合もあるため、場合によっては強く支援が必要な場合もあります。

　「ヤングケアラー支援の考え方」という図では、「家族のケアと子ども自身の生活とのバランスを取ることの難しさの度合い」によって、どのような支援が必要かについての考え方が、わかりやすく説明されています。より詳しくご覧になりたい人は、ぜひ『スタートブック』を読んでいただければと思います。

FIGURE 30 資料の紹介

●埼玉県におけるヤングケアラー支援スタートブック

埼玉県社会福祉協議会編、2023年、埼玉県
https://www.pref.saitama.lg.jp/a0609/carer/youngcarerstartbook.html

> 埼玉県では、全国に先駆けて2020年に「埼玉県ケアラー支援条例」を制定して、その後も先進的な取り組みを続けています。この『スタートブック』では、わかりやすく考え方や支援のポイントなどが解説されています。

「本スタートブックは、ヤングケアラーの定義や捉え方、支援の流れやポイントを示し、支援に関わる多様な主体が共通の認識を持つことで、各市町村及び市町村の各地域におけるヤングケアラーの支援体制づくりを推進することを目的としています。」(4ページ)

FIGURE 31　ヤングケアラー支援の考え方について

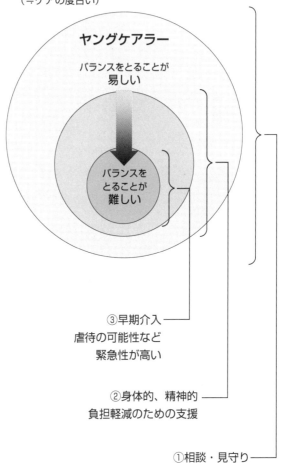

家族のケアと自身の生活
とのバランスをとることの難しさ
（≒ケアの度合い）

ヤングケアラー

バランスをとることが
易しい

バランスを
とることが
難しい

③早期介入
虐待の可能性など
緊急性が高い

②身体的、精神的
負担軽減のための支援

①相談・見守り

出典：『スタートブック』6ページより引用

子どもたちの相談の有無

実態調査を通じて、子どもたちの家族のケアに関する相談の経験について、説明していきます。

1 半数以上が相談した経験がない

実態調査では、子どもたちが家族の世話について相談した経験についても尋ねています。いずれの学年においても、回答で最も高いのは「ない」という回答で6〜7割ほどでした。特に小学生においては76.1%で、4人に3人以上が「ない」と割合が高い傾向にあります。

また無回答の割合も考えると、世話について相談した経験がある子どもたちは、約2割前後ほどだということがわかりました。

2 「相談するほどの悩みではない」という理由が最も多い

相談した経験が「ない」と回答した子どもたちに、その理由についても尋ねています。いずれの学年においても、回答で最も高いのは「相談するほどの悩みではないから」で4割から7割ほどでした。特に小・中学生においては7割ほどが「相談するほどの悩みではないから」と答えています。続いて多い理由としては、「相談しても状況が変わるとは思わない」という回答でした。

子どもたちが相談した経験がない理由には、そもそも相談する必要性を感じていない、もしくは相談しても状況が変わると思えないということが大きな理由を占めていることがわかりました。

FIGURE
32
相談をした経験と相談しなかった理由

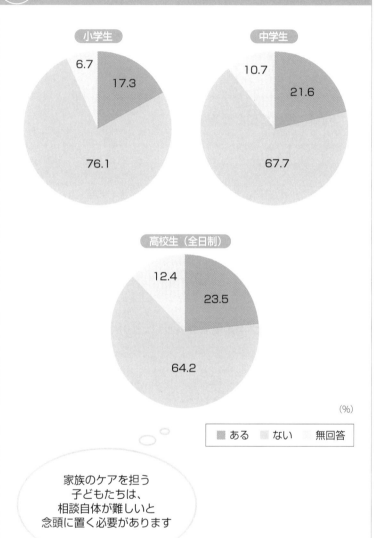

小学生

6.7
17.3
76.1

中学生

10.7
21.6
67.7

高校生（全日制）

12.4
23.5
64.2

(%)

■ ある ■ ない □ 無回答

家族のケアを担う
子どもたちは、
相談自体が難しいと
念頭に置く必要があります

出典：2020年度・2021年度実態調査より

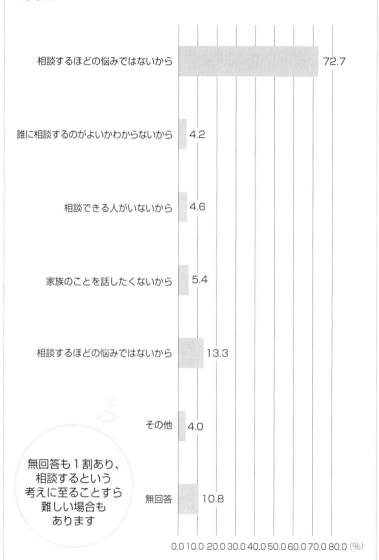

●小学生

項目	割合
相談するほどの悩みではないから	72.7
誰に相談するのがよいかわからないから	4.2
相談できる人がいないから	4.6
家族のことを話したくないから	5.4
相談するほどの悩みではないから	13.3
その他	4.0
無回答	10.8

0.0 10.0 20.0 30.0 40.0 50.0 60.0 70.0 80.0 (%)

無回答も１割あり、
相談するという
考えに至ることすら
難しい場合も
あります

出典：2021年度実態調査より

誰かに相談するほどの悩みではない　74.5 / 65.0

家族外の人に相談するような悩みではない　15.3 / 17.8

誰に相談するのがよいかわからない　11.1 / 7.1

相談できる人が身近にいない　4.6 / 9.1

家族のことを話しにくいため　12.0 / 11.7

家族のことを知られたくない　7.9 / 9.1

家族に対して偏見を持たれたくない　8.3 / 11.2

相談しても状況が変わるとは思わない　24.1 / 22.8

その他　4.6 / 4.6

無回答　3.2 / 3.0

0.0 10.0 20.0 30.0 40.0 50.0 60.0 70.0 80.0（%）

家族以外の人に
相談することが
難しいという回答が
目立ちます

■ 中学生（2年）　■ 高校生（全日制）

出典：2020年度実態調査より

3 一方で世話について話を聞いてくれる人は「いる」という回答が多い

相談した経験が「ない」と回答した子どもたちに、家族へのケアについて話を聞いてくれる人の有無についても尋ねています。通信制高校生を除き、いずれの学年においても、回答で最も多いのは「いる」で6割から7割でした。

世話について話を聞いてくれる人はいるものの、「相談するほどの悩みではない」「相談しても状況が変わるとは思わない」という理由から、相談しない子どもたちが多いことがわかります。

4 相談相手は「家族」が最も多く、続いて「友人」が多い

相談した経験が「ある」と回答した子どもたちに、相談相手についても尋ねています。最も多いのは、家族（父、母、祖父、祖母、きょうだい）で約7割でした。

次に回答が多かったのは、定時制高校生を除くと、「友人」で約4割でした。続いて「学校の先生」では約1〜2割、「親戚」でも約1割、そのほか「近所の人」や「福祉サービスの人」などは数％程度でした。

5 筆者の解釈：相談しない背景：自覚の話と周囲の大人の対応について

1-7節で取り上げたように、子どもたちの多くは家族のケアをしているため、やりたいけれどできていないことは「特にない」、そして家族のケアに感じているきつさについても、「特にきつさは感じていない」という回答が多い傾向にありました。

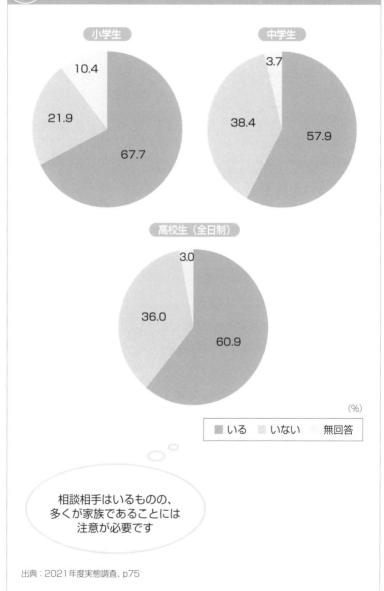

FIGURE 33　世話について話を聞いてくれる人の有無

小学生

10.4

21.9

67.7

中学生

3.7

38.4

57.9

高校生（全日制）

3.0

36.0

60.9

(%)

■ いる　■ いない　□ 無回答

相談相手はいるものの、
多くが家族であることには
注意が必要です

出典：2021年度実態調査、p75

　この結果からすると、「相談するほどの悩みではないから」と考え相談しない子どもたちが多いことは自然な流れのように思えます。とはいえ1-7節で説明したのと同様、本当に「相談するほどの悩みではないか」どうかは、周囲の大人が子どもの様子を気にかけていくなかで、考えるべきでしょう。

　そして、続いて「相談しても状況が変わるとは思わない」という子どもたちの回答は、2-1節で取り上げた一般国民の半数以上が「何もしない」「わからない」と回答していることの裏返しであるようにも思われます。

6　筆者の解釈：身近な相談相手の存在と周囲の大人

　子どもたちは、相談相手が「いる」という回答が多かったものの、その相手は主に「家族」でした。もちろん家族に相談できることは重要ですが、一方で相談相手が家族に限られる場合、なかなか周囲に家族のケアの状況が伝わらない場合もあるでしょう。

　一方で、相談相手の多くに「友人」を挙げている子どもが約4割いることは注目するべき点です。日常的に顔を合わせていて、同年代の、信頼できる友人に相談できる環境があることはとても重要です。

　ただし、より具体的に子どもたちを支援するためには、やはり「学校の先生」や「病院・医療・福祉サービスの人」そして「近所の人」など、周囲の大人が子どもたちの相談相手になれているかどうかが重要であるように思います。

　そのためには、日常的に子どもたちと関わる中で関係性を築き、「相談しても状況が変わるとは思わない」と子どもたちに思われないように、周囲の大人が知識を付けて、相談されたときに対応できるよう準備をすることが重要でしょう。

34 相談相手

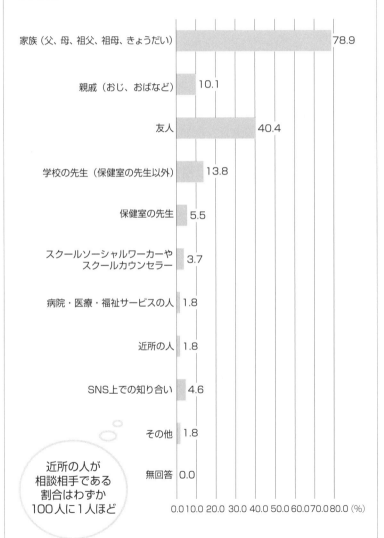

●小学生

相談相手	割合(%)
家族（父、母、祖父、祖母、きょうだい）	78.9
親戚（おじ、おばなど）	10.1
友人	40.4
学校の先生（保健室の先生以外）	13.8
保健室の先生	5.5
スクールソーシャルワーカーや スクールカウンセラー	3.7
病院・医療・福祉サービスの人	1.8
近所の人	1.8
SNS上での知り合い	4.6
その他	1.8
無回答	0.0

0.0 10.0 20.0 30.0 40.0 50.0 60.0 70.0 80.0 (%)

近所の人が
相談相手である
割合はわずか
100人に1人ほど

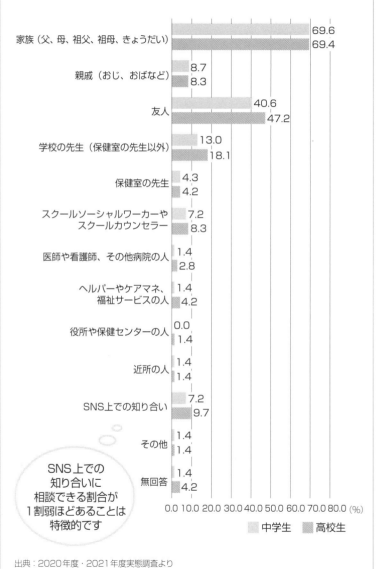

●中学生・高校生

	中学生	高校生
家族（父、母、祖父、祖母、きょうだい）	69.6	69.4
親戚（おじ、おばなど）	8.7	8.3
友人	40.6	47.2
学校の先生（保健室の先生以外）	13.0	18.1
保健室の先生	4.3	4.2
スクールソーシャルワーカーやスクールカウンセラー	7.2	8.3
医師や看護師、その他病院の人	1.4	2.8
ヘルパーやケアマネ、福祉サービスの人	1.4	4.2
役所や保健センターの人	0.0	1.4
近所の人	1.4	1.4
SNS上での知り合い	7.2	9.7
その他	1.4	1.4
無回答	1.4	4.2

0.0 10.0 20.0 30.0 40.0 50.0 60.0 70.0 80.0 (%)

SNS上での知り合いに相談できる割合が1割弱ほどあることは特徴的です

出典：2020年度・2021年度実態調査より

子どもたちはどのようなサポートを求めているか？

実態調査を通じて、子どもたちが周囲の大人にしてほしいことについて、説明していきます。

1 「特にない」が最も多いが……

実態調査では、学校や大人について助けてほしいことについて尋ねています。いずれの学年においても、回答で最も高いものは「特にない」という回答で約4〜5割でした。

2 筆者の解釈：周囲からのサポートを考える余裕がない可能性

ですが、「特にない」という回答の多さは、本当に子どもたちにサポートが必要ではないわけではありません。

小学生から中高生になるにつれ、周囲の大人たちに求めることの割合が高くなっています。これは子どもたちが年齢を重ねるにつれて、どのようなサポートが必要なのかがわかるようになったことが伺えます。

家族を今まさにケアしている子どもたちは、どのようなサポートが必要かを考える余裕すらない可能性があります。

3 「自由に使える時間がほしい」「勉強を教えてほしい」も多い

続いて多かった回答は、「自由に使える時間がほしい」「勉強を教えてほしい」「将来の相談にのってほしい」「自分のいまの状況について話をきいてほしい」「家族の経済的な支援」などの回答が多い傾向にありました。

35 周囲の大人たちに求めること

●小学生

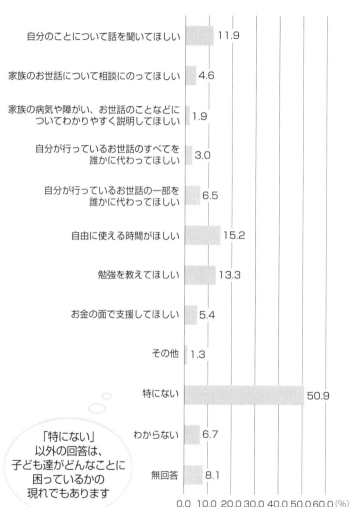

項目	%
自分のことについて話を聞いてほしい	11.9
家族のお世話について相談にのってほしい	4.6
家族の病気や障がい、お世話のことなどについてわかりやすく説明してほしい	1.9
自分が行っているお世話のすべてを誰かに代わってほしい	3.0
自分が行っているお世話の一部を誰かに代わってほしい	6.5
自由に使える時間がほしい	15.2
勉強を教えてほしい	13.3
お金の面で支援してほしい	5.4
その他	1.3
特にない	50.9
わからない	6.7
無回答	8.1

0.0 10.0 20.0 30.0 40.0 50.0 60.0 (%)

「特にない」
以外の回答は、
子ども達がどんなことに
困っているかの
現れでもあります

出典：2021年度実態調査より

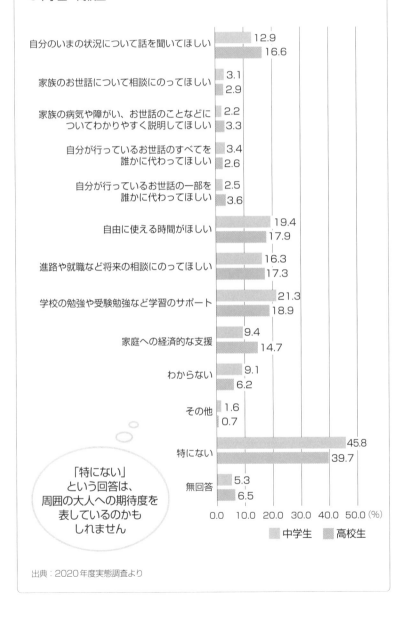

●中学生・高校生

項目	中学生	高校生
自分のいまの状況について話を聞いてほしい	12.9	16.6
家族のお世話について相談にのってほしい	3.1	2.9
家族の病気や障がい、お世話のことなどについてわかりやすく説明してほしい	2.2	3.3
自分が行っているお世話のすべてを誰かに代わってほしい	3.4	2.6
自分が行っているお世話の一部を誰かに代わってほしい	2.5	3.6
自由に使える時間がほしい	19.4	17.9
進路や就職など将来の相談にのってほしい	16.3	17.3
学校の勉強や受験勉強など学習のサポート	21.3	18.9
家庭への経済的な支援	9.4	14.7
わからない	9.1	6.2
その他	1.6	0.7
特にない	45.8	39.7
無回答	5.3	6.5

「特にない」
という回答は、
周囲の大人への期待度を
表しているのかも
しれません

出典：2020年度実態調査より

4　筆者の解釈：子どもたちが求める支援とは

　子どもたちが学校や大人にしてもらいたいことについて、「特にない」という回答が最も多かったことは、1-7節や2-6節で説明したことが背景にあることを考えると、自然な流れであるようにも思えます。

　ですが、少なくない数の子どもたちが「自由に使える時間がほしい」「勉強を教えてほしい」「自分のことについて話を聞いてほしい」「進路や就職など将来の相談にのってほしい」などと回答しています。

　家族のケアに関する子どもたちの状況は多様であり、求めていることも様々ではあるものの、実態調査を通じてどのような支援が必要かということが数値で見えてきました。

　話を聞いてくれる人の存在や、より具体的な相談ができる場所、家族の状況について子どもにもわかりやすい説明できる人や資料、家族のケアを子どもではない人が代わってくれるサービス、将来のキャリアや進路の相談窓口、学校や受験の勉強をサポートするサービス、家庭への金銭的な支援。どれも一つひとつ子どもたちが求めている支援です。

　これら一つひとつを実践することで、子どもたちがどのような支援を求めているかが見えてくることもあります。CHAPTER 3では、各自治体の実践から、どのような支援が子どもたちに必要か考えていきたいと思います。

CHAPTER 2 のまとめ

❶周囲の大人がヤングケアラーに関する認知度を高めるほど、子どもたちを支援することにつながる。

❷公的な機関も「ヤングケアラー」への認識度は高いが、実態把握が難しい状況。

❸早期発見や実態の把握が難しい理由に、家庭内のことで問題が表に出にくいことや子どもや家族自身が「ヤングケアラー」という問題を認識していないことが背景にある。

❹周囲の大人による「ヤングケアラー」の理解がなければ、支援機関の支援が困難になる場合がある。

❺「ヤングケアラー＝支援が必要な子ども」というわけではないという視点が重要。

❻相談経験がない子どもの背景について、個別に考える必要がある。

❼子どもたちが求めるサポートは「自由に使える時間がほしい」「勉強を教えてほしい」「いまの状況について話をきいてほしい」などニーズは多様であるため、一つひとつのニーズを満たすための仕組み作りが重要。

国・自治体の
「ヤングケアラー」
具体的支援

　第3章では、国や自治体による「ヤングケアラー」への支援策について、具体的な例を挙げながら説明していきます。

　本章を通じて、国・自治体の具体的な取り組みを知り、「ヤングケアラー」に対して周囲の大人がどのような取り組みを行うことができるのかについての参考にしていただきたいと思っています。

ポータルサイトの開設

支援者や当事者たちが支援に関する情報にアクセスできるポータルサイトについて説明します。

1 情報にアクセスすることが難しいという課題

「ヤングケアラー」への支援は、全国でもまだ始まったばかりです。行政も、福祉関連の事業所も、民間の支援団体も、それぞれ試行錯誤しながら取り組みを続けています。そのため、地域ごとの支援の差があることも指摘されています。それぞれの地域でどのような取り組みがなされているのか、どのような支援が利用可能なのかといった、ヤングケアラーに関する情報の集約が課題になっています。支援者も子どもたちも必要な情報にアクセスすることができるようになれば、子どもたちへの支援もつながりやすくなるでしょう。

2 情報を通じたネットワーク形成を促す目的

この課題を解決するための一つの手段として、「ヤングケアラー」の支援に関する情報をまとめたポータルサイトがあります。必要な情報にアクセスしやすくなることで、他の地域や団体の取り組みを参考にすることができます。新たな支援のアイデアや方法を見つける機会を増やすことにもなるでしょう。

さらにサイトを通じて、子どもたちや、行政、福祉関連の事業者、民間の支援団体など、「ヤングケアラー」に関わる人・団体間のネットワークを作りやすくなります。情報の共有を通じて、各地域や団体の取り組みが全国に行き渡り、支援に関する知識と理解が深まることにもなるためです。

事例紹介

● Young Carer Portal
～ヤングケアラーのために頑張る人たちを繋ぐポータルサイトです～
https://youngcarer.or.jp/

❶概要
　このサイトでは、各地の自治体や支援団体などで行われている取り組み、また当事者の方の体験などを掲載する他に、ヤングケアラーに関するニュースやトピックをまとめて掲載しており、ヤングケアラーに関わる情報を一元化しているサイトになっています。

❷HPの内容（例）
・新着のトピックスやニュースの一覧
　最新のヤングケアラーに関するニュースやトピックを一覧することができます。
・インタビュー・体験談の掲載
　ヤングケアラーの体験が語られています。体験談は、「ヤングケアラーのためのWebメディア　ROLES」にも掲載されています。
・ヤングケアラー担当部署一覧
　主にヤングケアラーの支援者が連絡できる自治体の部署についての情報が一覧できます。
・「相談窓口一覧」
　子ども本人も相談できるように、子ども家庭庁のサイトに掲載されている「ヤングケアラーに関する相談窓口」にアクセスすることができます。

❸実施団体
一般社団法人ヤングケアラー協会
https://youngcarerjapan.com/

◀ Young Carer
　Portal

◀一般社団法人
　ヤングケアラー
　協会

LINE、電話、メールによる相談窓口

子どもたちが自分たちのペースで相談できる非対面型の専門相談窓口の設置について説明します。

1 相談のハードルが高いという課題

CHAPTER 2で取り上げたように、家族のケアを担う子どもたちは「相談するほどの悩みではない」もしくは「相談しても状況が変わるとは思わない」という理由から、相談の経験が少ない傾向にあります。

また、子どもたちは日常的にケアに時間を費やすために、時間を作って相談に向かうことが難しい場合もあります。また、子どもたちにとって身近に相談できる大人や場所がないこともあります。相談支援は、必要な支援につながるための入り口でもあるため、どのように子どもたちに相談してもらえるかということが課題です。

2 身近なツールから相談を促す

子どもたちにとって身近なツールを通じて相談をすることができれば、相談までのハードルが下がると考え、SNSなどを通じて相談窓口を設けている自治体があります。LINEやチャットなど、子どもたちが自分のペースで、都合のつく時間に相談をすることができます。LINEを使えない場合でも、電話やメール、ウェブでのフォームを通じて、相談を受け付けているところもあります。

ヤングケアラーに特化した相談先を設けることで、子どもたちが自分の状況を理解してくれる相手に相談できると感じる子どもたちもいます。

誰にも話したり、相談したりすることができないことは、子どもたちが孤独感を抱える可能性を高くします。自分の悩みを家族や友人以外にも相談することができる場所があることは、子どもたちを精神的に支える意味でも、とても重要です。

37 事例紹介

●兵庫県ヤングケアラー・若者ケアラー相談窓口
https://web.pref.hyogo.lg.jp/kf03/young-carer2.html

●特徴
・県の社会福祉士会が相談を受けている
・18歳を超える若者ケアラーへの支援も行っている

●埼玉ヤングケアラーチャンネル
https://www.pref.saitama.lg.jp/a0609/chiikihoukatukea/youngcarer-line.html

●特徴
・相談員は全員元ヤングケアラー
・相談だけでなく、ただ話を聞いてもらいたかったり、同じような境遇の子どもたちについても聞いてみたい子どもたちも歓迎
・LINEではオンラインイベントなど様々な情報も配信
・実施団体
　一般社団法人ヤングケアラー協会
　https://youngcarerjapan.com/

●いわてヤングケアラー相談支援事業
http://y-carer.net/

●特徴
・LINE、電話、メール、ウェブフォームなどの様々なツールを通じて相談を受け付けている
・実施団体
　NPO法人もりおかユースサポート
　https://my-port.jp/index.html

●子どもヤングケアラー総合相談窓口（長崎県）

https://www.pref.nagasaki.jp/shared/uploads/2022/08/1660781288.pdf

> **●特徴**
> ・LINE・メールを通じて相談することができる
> ・基本は平日10時〜19時だが、予約があれば、土日祝日や時間外でも相談できる
> ・実施団体
> 　一般社団法人ひとり親家庭福祉会ながさき
> 　https://www.nagasakishi-boshikai.jp/

● LINE相談「船橋市ヤングケアラー相談」

https://www.city.funabashi.lg.jp/kodomo/support/002/p117087.html

> **●特徴**
> ・ヤングケアラー本人や、その家族、その他関係機関等、誰からでも、相談を受け付けている
> ・相談には、ヤングケアラー・コーディネーターである社会福祉士や臨床心理士、教員OBが相談に応じる

来所による相談窓口

子どもたちが直接窓口にきて家族のケアをはじめとした相談ができる窓口について、説明します。

1 非対面の相談の難しさ

3-2節では、身近なツールを通じた非対面型の相談について説明しました。こうした相談の場合、子どもたちが自分のペースで、自分の都合がいい時間に相談できるメリットがあります。自分のペースだからこそ、自分の悩みについて相談しやすい子どもたちも多いでしょう。

一方で、非対面型の相談では子どもたちが自分の経験を言葉にすることが難しいときには相談することが難しくなる場合もあります。また相談員側としても、子どもたちの表情や態度など非言語的な情報を受け取りにくいという課題があります。

2 対面だからこと理解できることがある

そこで、直接来所型の相談窓口の設置をする自治体もあります。窓口があることによって、子どもたちは自分の悩みを直接相談員に伝えることができ、自らの言葉や、身振り手振りの動作などの非言語的なコミュニケーションを通じて、より具体的に状況を伝えることができます。また直接人と会うことで、孤独感を減らすことにもつなげることができるでしょう。

また相談員側としても、子どもたちと直接コミュニケーションを通じて、より深く子どもたちの状況について理解することができ、状況に合わせた具体的な相談支援を行うことができます。

(38) 事例紹介

●山口県

https://www.pref.yamaguchi.lg.jp/site/young-carer/

●特徴

・窓口では公認心理師の資格を持つ職員が常駐
・電話やメール相談は24時間受付
・相談窓口は、平日だけでなく土曜日も午前9時から午後6時まで対応

●神戸市

https://www.city.kobe.lg.jp/a77853/kodomowakamono_carer.html

●特徴

・自治体として全国初のヤングケアラーの相談窓口を開設
・ヤングケアラーだけでなく、18歳を超える若者ケアラーも相談可能

●東京都豊島区

https://www.city.toshima.lg.jp/265/kosodate/kosodate/shiencenter/2207122034.html

●特徴

・ヤングケアラーの常設相談窓口を、子ども家庭支援センター内に設置
・他の施設に出向くなどのアウトリーチ活動を行う
・職員や関係機関向けの研修・出張講座を実施

●東京都府中市

https://www.city.fuchu.tokyo.jp/kosodate/shussan/sodan/youngcarer.html

●特徴

・府中市と日本財団が協定を締結し実施するモデル事業の一環
・市内の一般社団法人「ケアラーワークス」と共同して相談窓口を設置
・本人が希望する場所（例えば、学校や家）で専門相談員に話ができる

●出雲市

https://www.city.izumo.shimane.jp/www/contents/1684212871503/index.html

●特徴
- 相談窓口を、市役所1階の子ども家庭相談室に開設
- 社会福祉士や保健師などが相談を受け付ける

●福岡市

https://www.city.fukuoka.lg.jp/kodomo-mirai/k-katei/child/youngcarer.html

●特徴
- 相談窓口を、NPO法人SOS子どもの村JAPAN内に開設
- 市内の20歳未満のヤングケアラー本人や、家族、学校や支援者などの関係機関も相談できる

相談窓口は
対面して悩みを
伝えられる

ヤングケアラー・コーディネーターや専門機関

ヤングケアラーについて専門的に取り組む「ヤングケアラー・コーディネーター」や専門機関の設置について、説明します。

1 多岐にわたる悩みへの対応の難しさ

CHAPTER1で見てきたように、「ヤングケアラー」という言葉に含まれる子どもたちのケアのあり方は多様で、子どもたちの悩みも様々です。子どもたちにとっても、どこに何の相談をしたらよいのかわからないこともあるでしょう。

「ヤングケアラー」の支援の際には、多くの専門的な知識や経験が必要になります。また子どもたち自身の多様なニーズに応じた適切な支援を提供する必要があります。かつ、子どもたちを支援につなげるために多くの機関との連携も必要です。

2 多様なアプローチを専門的に取り組む機関が必要

そこでヤングケアラーについて専門的に取り組む「ヤングケアラー・コーディネーター」や専門機関を設けることで、「ヤングケアラー」に対して多様な支援に取り組むことができます。家族のケアで悩む子どもたちに早期に気付くことができ、それぞれのニーズを把握し、多様な支援につなげるため、教育・医療・福祉など多くの機関と連携し、支援することができます。

具体的には、ポスターやリーフレットなどの「ヤングケアラー」に関する普及・啓発活動をはじめとして、家族のケアで悩む子どもたちの居場所づくりや、相談窓口を設け学校や福祉関連の事業所と連携するなどの取り組みがあります。

FIGURE 39 事例紹介

●品川区

https://www.city.shinagawa.tokyo.jp/PC/kodomo/yangu/20230602145257.html

●特徴

・子ども家庭支援センターに、元ヤングケアラーによるヤングケアラー・コーディネーターを配置
・運営は一般社団法人ヤングケアラー協会

●静岡市

https://www.city.shizuoka.lg.jp/626_000262.html

●特徴

・静岡市役所1階の子ども若者相談センターにあるヤングケアラー支援窓口にて、「ヤングケアラー・コーディネーター」を配置
・コーディネーターは、公認心理師と社会福祉士の資格を持つ職員

●調布市

https://www.city.chofu.tokyo.jp/www/contents/1680498905563/index.html

●特徴

・公益財団法人調布ゆうあい福祉公社に、ヤングケアラー・コーディネーターを配置
・「教育・福祉・医療等関係者の方、困っている人に気づいた方からの相談」を受けている
・ヤングケアラー本人からの相談窓口としては、「調布市子ども家庭支援センターすこやか」がある

●ヤングケアラー支援ネットぐんま

https://youngcarergunma.com/

●特徴

・ヤングケアラーに関する「ワンストップ相談窓口」を設置
・社会福祉士や看護師の資格を持った相談員が対応
・NPO法人「虹色のかさ」が運営

●北海道ヤングケアラーサポートセンター
https://ebetsu-carers.com/

●特徴
・来所・訪問・電話・SNSなど多様なツールによる相談が可能
・自治体や関係団体への情報提供や調査研究、人材育成などの機能を担う
・「えべつケアラーズ」が運営

●京都府ヤングケアラー相談支援センター
https://www.city.izumo.shimane.jp/www/contents/1684212871503/index.html

●特徴
・相談支援や広報啓発、研修実施だけでなく、支援者向け動画や子ども向けのセルフチェックシートや支援者向けのアセスメントシートなども提供している
・「社会福祉法人京都府母子寡婦福祉連合会」が運営

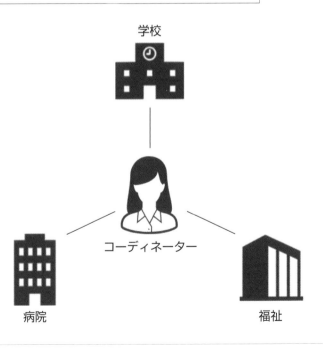

1 他人に話すことができない孤立感

子どもたちは自分の家族のケアに関する悩みをはじめとして、進路や将来のことへの不安感や、周囲の理解のなさから孤立感を抱くことがあります。家族のケアという性質上、他人に話すことを躊躇することも多く、より孤立感を深める場合もあります。

2 居場所と支援

そこで、同じような経験を持つ他の子どもたちや若者達との交流を通じて、自分の経験や気持ちを共有したり、理解し合ったりするような対話の場を設けることが子どもたちにとって支えになりえます。そうした場所が、子どもたちにとって居場所になることもあり、自分が一人でないと思える場所を持つ上でも重要になります。

支援をする側にとっても、これらの場は非常に大切です。支援に対するフィードバックを得たり、新たな支援のアイデアが生まれたりするなど、子どもたちの経験を深く理解する機会にもなります。

3 ピアサポーターの存在

自治体によっては、対話の場にピアサポーターとしてヤングケアラーの経験のある人がいる場合もあります。例えば、愛知県では、「ヤングケアラー・ピアサポーター養成研修」があり、コミュニティサロンの中で世話役や聞き役を担うピアサポーターを養成しています。

40 自治体の交流の場の例

北海道 ケアラーズカフェえべつ https://ebetsu-carers.com/	
札幌市 ヤングケアラー交流サロン https://www.city.sapporo.jp/kodomo/kenri/youngcarer koryusalon.html	
岩手県 おしゃべり広場 palori loco http://y-carer.net/hiroba/	
宮城県仙台市 ヤングケアラーオンラインサロン https://sendai-youngcarer.asuiku.org/	
秋田県 オンラインつどいの場 https://www.pref.akita.lg.jp/pages/archive/72107	
埼玉県 ヤングケアラーオンラインサロン https://www.pref.saitama.lg.jp/a0609/chiikihou katukea/youngcarer-online.html	
福井県 オンラインサロン https://www.pref.fukui.lg.jp/doc/016407/kateifukusi/ care.html	

京都府 京都府ヤングケアラーオンラインコミュニティ http://ys-kyoto.org/service/youngcarer-gathering/	
神戸市 ふぅのひろば https://www.kobe-youthnet.jp/?cat=16	
鳥取県 ヤングケアラーオンラインサロン https://www.pref.tottori.lg.jp/296824.htm	
愛媛県 わかちあいオンラインサロン https://www.pref.ehime.jp/h20300/youngcarer/ wakachiai-salon.html	

子どもたちの
居場所になる

広報、普及啓発

「ヤングケアラー」に関する広報や普及啓発活動について、説明します。

1 「ヤングケアラー」への認知度の低さ

「ヤングケアラー」という言葉は、近年になってテレビや新聞報道などで取り上げられる機会が増えてきました。しかし、それでもまだ「ヤングケアラー」について具体的なイメージがつかめず、どのような問題を抱えているのかを理解している人は少ないのが現状です。

認知度の低さは、「ヤングケアラー」と思われる子どもたちに出会った際に、周囲の大人がどのように対応すべきかわからずに、結果として適切な支援につながらないという問題を引き起こしてしまいます。

2 認知度を上げることが支援になる

「ヤングケアラー」への認知度を上げることは、子どもたちが支援につながるための大きな一歩です。

認知度を上げる具体的な取り組みとしては、子どもたち向けに「ヤングケアラー」とは何かを説明する動画やリーフレット、マンガの作成があります。文字だけでなく、視覚的に「ヤングケアラー」を理解する助けになるでしょう。また大人向けには、ヤングケアラーの現状や支援の必要性を伝える動画やリーフレットの作成、啓発イベントの開催などが行われています。さらに、展示会を開いたり、出前講座を設けたりするなどの取り組みもあります。

●子どもたち向け資料

埼玉県　ヤングケアラーハンドブック 「ヤングケアラーってなに？」 https://www.pref.saitama.lg.jp/a0609/ chiikihoukatukea/youngcarer-handbook.html	
埼玉県 「みんないつかは年をとる⑨　ヤングケアラー編」 https://www.pref.saitama.lg.jp/documents/177227/9y anngukearahen.pdf	

●子どもたち向け広報動画

横浜市　「【横浜市ヤングケアラー広報動画（本人向け）】 〜あなたのこと、少しだけ話してみませんか〜」 https://www.youtube.com/watch?v=6v8PArc8hm8	
宮崎県 「ヤングケアラーって知っていますか？」 https://www.pref.miyazaki.lg.jp/kodomo-katei/ kyoikukosodate/kodomo/20220707091123.html	

子どもたち用に
わかりやすいだけでなく、
大人にとっても理解しやすい
内容になっています

CHAPTER 3 国・自治体の「ヤングケアラー」具体的支援

●大人向け啓発リーフレット

埼玉県 ケアラー・ヤングケアラー支援のための啓発リーフレット https://www.pref.saitama.lg.jp/a0609/ chiikihoukatukea/carer-youngcarer.html	

●大人向け広報動画

山梨県、啓発動画「山梨コネクトヤングケアラー」 https://www.pref.yamanashi.jp/kodomo-fukushi/young- carer04.html	
高知県 令和4年度高知県ヤングケアラー啓発CM（15秒） https://www.pref.kochi.lg.jp/ soshiki/060401/2021122400217.html	

大人にリーフレットや
動画やシンポジウムなどで
ヤングケアラーについて
知ってもらうことが、
重要な支援の一歩です

●研修動画・シンポジウム (アーカイブ)

北海道 令和4年度ケアラー支援推進シンポジウム https://www.pref.hokkaido.lg.jp/hf/khf/129732.html	
福島県 福島県ヤングケアラー支援者研修会 (Web版) https://www.pref.fukushima.lg.jp/sec/21035a/ youngcarerkensyusiryou.html	
世田谷区 令和4年度ヤングケアラー・若者ケアラー支援 シンポジウム https://www.city.setagaya.lg.jp/mokuji/kodomo/006/ d00200960.html	
横浜市 令和4年度横浜市ヤングケアラーフォーラム https://www.city.yokohama.lg.jp/kurashi/kosodate-kyoiku/kosodate- sogo/lifestage/youngcarer/default20221128.html	
愛知県 ヤングケアラー理解促進シンポジウム (2022年度) https://www.pref.aichi.jp/soshiki/jidoukatei/ aichiyoungcarer.html	
大阪府 「ヤングケアラーについて ～子どもたちに関わる皆さんへ～」 https://www.pref.osaka.lg.jp/chiikifukushi/youngcarer/	
大阪府 ヤングケアラー 大阪発、寄り添い・支援を考える シンポジウム https://www.pref.osaka.lg.jp/chiikifukushi/youngcarer/ young-carer_sympo.html	
兵庫県 兵庫県ヤングケアラー・若者ケアラーへの理解を深める シンポジウム https://web.pref.hyogo.lg.jp/kf03/young-carer7.html	

CHAPTER

3

国・自治体の「ヤングケアラー」具体的支援

●出前講座

愛知県 県政お届け講座 (広報広聴課ウェブページ) https://www.pref.aichi.jp/soshiki/koho/0000036522. html	
三重県 みえ出前トーク https://www.pref.mie.lg.jp/common/content/ 001080152.pdf	

●展示会

埼玉県 ミニ展示「ヤングケアラーを考える」 https://www.lib.pref.saitama.jp/event/exhibit/cat74/ post-127.html	
京都府 人権啓発パネル展示「ヤングケアラーについて」 https://www.city.kyoto.lg.jp/hagukumi/ page/0000302797.html	

自治体によっては、
職員が住民のもとを訪れて
講座を開いたり、
図書館や公共施設を使って
展示会などをやっていたりする
取り組みもあります

配食、家事支援、同行支援

家族のケアを行う子どもたちへ、より具体的に支援するための
配食・家事支援・同行支援などのサービスについて説明します。

1 「自分の時間がない」子どもたち

1-7節で紹介したように、家族のケアを行う子どもたちは日常的
にケアに時間を費やしています。料理を作り、掃除などの家事を行
い、家族の介護や世話などを担うなどの中で、子どもたちは勉強を
する時間や睡眠の時間、友達との交流などの自分の時間を削ってい
ることも少なくありません。

また行政の手続きを子どもたちが行う場合もあり、その複雑な手
続きに戸惑ったり時間がかかってしまうことが負担になることもあ
るでしょう。

2 具体的な支援を通じて、子どもたちが自分の時間を確保できるように

こうした問題を解決するために、自治体の中にはお弁当を配布す
るなどの配食サービスや、家事や介護への支援のためにヘルパーを
派遣するなどのサービスを提供するところもあります。行政手続き
についても子ども本人が行く必要がある場合でも同行して支援する
取り組みがあったり、日本語が苦手な家族にも通訳派遣をするなど
の取り組みも進んでいます。子どもたちが自分自身の時間を少しで
も確保できるように、こうした具体的な支援が重要な役割を果たし
ます。

●兵庫県「ヤングケアラー配食支援モデル事業」
https://web.pref.hyogo.lg.jp/kf03/young-carer5.html

> **●特徴**
> ・県内のヤングケアラーや若者ケアラーを対象にお弁当の配食を行っている
> ・3ヶ月間、原則週1回、無料で利用することができる

●神戸市「子どもケアラー世帯へのヘルパー派遣事業」
https://www.city.kobe.lg.jp/a86732/kosodate/sodan/carer_helper.html

> **●特徴**
> ・18歳未満のヤングケアラーがいる世帯を対象に、家事や育児支援などを行っている
> ・3ヶ月間、利用料無料で利用することができる

●大阪市「ヤングケアラー寄り添い型相談支援事業」
https://www.city.kobe.lg.jp/a86732/kosodate/sodan/carer_helper.html

> **●特徴**
> ・相談支援やオンラインサロンの実施ともに、希望に応じて関係機関（区役所等）への同行ど行っている
> ・実施団体は、NPO法人ふうせんの会

●高崎市「ヤングケアラー SOS」
https://www.city.takasaki.gunma.jp/docs/2022052600074

> **●特徴**
> ・家事や家族のお世話や介護などを行うサポーターを無料で派遣している
> ・原則2人以上で、1日2時間、週2日まで無料で利用できる

●船橋市 「ホームヘルプサービス（家事援助）」 「ミールサポート（配食サービス）」

https://www.city.funabashi.lg.jp/kodomo/support/002/p117087.html

> **●特徴**
> ・料理や清掃の代行、弁当やレトルト食品の配食などを行う

●港区

https://www.city.minato.tokyo.jp/houdou/kuse/koho/houdouhappyou/documents/2023614-4.pdf

> **●特徴**
> ・家事やお世話などの訪問支援とともに、定期的な配食支援を行う
> ・日本語が苦手な家族に向けて、買い物や手続きなどに同行し外国語に対応した通訳派遣を行う

食事やヘルパーの
派遣サービスもある

3 筆者の解釈：具体的に子どもたちをサポートできる仕組みを

　本章では、家族のケアを担う子どもたちを支える仕組みとして、自治体の実践について取り上げました。情報を集約するためのサイトづくりや相談支援、対話の場づくりや広報啓発など、それぞれの自治体が試行錯誤しながら仕組み作りをしています。

　ここで紹介しているように子どもたちが自分の時間を確保できるような、具体的な支援を充実させることが今後重要であるように思います。2-7節で紹介したように、子どもたちが大人に求めていることの中に、「自由に使える時間がほしい」という回答がありました。具体的には、勉強のサポートやキャリアの相談、経済的な支援が必要という回答も多くあります。

　家族のケアにあたって、様々な悩みを子どもたちは抱えます。その具体的なニーズを一つひとつ個別に支援していくことが今後ますます重要です。

　2023年現在、多くの自治体では実態調査を行いつつあります。もちろん自治体が独自に支援の仕組みづくりのための調査を行うことも重要です。

　ですがこの子どもたち一人ひとりの具体的なニーズは、アンケート調査では把握することが難しいこともあります。むしろ子どもたちが日常的に関わりのある周囲の人の方が、そのニーズを具体的に把握できる場合も大いにあります。

　様々な自治体の取組を参考にしながら、その子のニーズに合わせて、何ができるのか、何をしない方を考えるヒントにしていただければと思います。

まとめ

CHAPTER 3 のまとめ

❶支援者も子ども・若者もアクセスしやすい情報サイト

❷子どもたちにとって身近なツールを通じた相談窓口

❸直接子どもたちが話せるような相談窓口

❹多様な支援をするための「ヤングケアラー・コーディネーター」などの専門機関

❺孤立感を和らげる対話の場・コミュニティ

❻周囲の大人の認知度をあげる広報・啓発活動

❼配食・家事支援・同行支援など具体的に子どもたちを直接支援することの重要性

MEMO

「ヤングケアラー」
支援のこれまでについて

　第4章では、「ヤングケアラー」への支援がどのように広がっていったのか、日本初の体系的な調査から始まり、2023年現在のこども家庭庁が司令塔となったヤングケアラー支援について説明していきます。

　第4章を通じて

①どのようにして「ヤングケアラー」という概念が広まっていったのか
②どのようにして国・自治体へと広がっていったのか
③どのような支援を軸として行われているのか

などについて伝えていきます。

日本における初の体系的な 「ヤングケアラー」調査

「ヤングケアラー」という言葉が世間に知られるようになった背景について、説明していきます。

1 2015年〜「ヤングケアラー」に関する初の体系的な調査

2015年、日本で初めてヤングケアラーに関する体系的な調査が、日本ケアラー連盟のヤングケアラープロジェクトによって行われました。これは新潟県南魚沼市の公立小中学校の教員に対して行われた調査で、回答者の4人に1人が、これまでに教員として関わった児童・生徒の中で家族をケアしているのではないかと感じた子どもがいると答えています。

さらに2016年、このプロジェクトが神奈川県藤沢市の公立小中学校の教員に調査を行い、回答者のうち約49%が同じように回答しています。

また2016年から、濱島淑恵氏・宮川雅充氏による大阪府の公立高校の生徒を対象にした質問紙調査も行われています。調査によれば、家族のケアを行っている高校生の割合は5.2%いることもわかってきました。

2 新書『ヤングケアラー』の出版

日本ケアラー連盟のヤングケアラープロジェクトのメンバーでもある澁谷智子氏は、2018年に新書『ヤングケアラー──介護を担う子ども・若者の現実』を中央公論新社で出版しました。この書籍を通して、ケアや相談などの支援を行う対人援助職の間でひろく知られるようになったと言われています。

43 参考URL／参考文献

参考URL

●ヤングケアラー支援のページ

https://youngcarer.sakura.ne.jp/

●特徴

ヤングケアラーに関する調査研究や支援に関して、日本だけでなく海外の研究についても掲載されているサイトです。このページで紹介した南魚沼市や藤沢市の調査研究についての論文も掲載されています。

● NPO法人ぷるすあるは
【まとめ・リンク集】ヤングケアラー支援をめぐる日本国内の現状（2015〜2022）

https://kidsinfost.net/2020/09/19/youngcarer/#anchor01

●特徴

ヤングケアラー支援の国内動向について2022年までまとめられたサイト。2016年の濱島・宮川の大阪府調査の論文へのリンクも掲載されています。

参考文献

●ヤングケアラー──介護を担う子ども・若者の現実
澁谷智子、2018年、中央公論新社

ヤングケアラーの実態調査や当時の世界的なヤングケアラー動向などについて書かれており、出版から5年が経つが今でもヤングケアラーの支援に示唆を与え続けている。

国の「ヤングケアラー」調査

国によって行われた初の「ヤングケアラー」に関する全国規模の調査について、説明していきます。

❶ 2018年度　厚生労働省による「ヤングケアラーの実態に関する調査研究」

　厚生労働省は、「ヤングケアラー」に関する初の体系的な調査を受け、初めて全国規模のヤングケアラーに関する実態把握をするため、「ヤングケアラーの実態に関する調査研究」を行いました。調査では、要保護児童対策地域協議会へのアンケート調査が行われました。

　結果、そもそも「ヤングケアラー」という概念を認識しているのは約28%にとどまることがわかりました。

・資料紹介
三菱UFJリサーチ＆コンサルティング、2019年「ヤングケアラーの実態に関する調査研究報告書」平成30年度子ども・子育て支援推進調査研究事業
https://www.murc.jp/wp-content/uploads/2019/04/koukai_190426_14.pdf

　本報告書では、ヤングケアラーの問題が顕在化されている可能性が高い要保護児童対策地域協議会へのアンケート調査や支援団体・当事者・元当事者へのヒアリング、また海外の事例・文献調査などが掲載されています。

> 「市町村要保護児童対策地域協議会において、「ヤングケアラー」という概念を認識しているのは約28%にとどまり、多くが認識していないという結果となった。」(p87)

2 2019年度　厚生労働省「ヤングケアラーへの早期対応に関する研究」

翌年2019年、厚生労働省では「ヤングケアラーへの早期対応に関する研究」が行われました。

調査では、昨年度に比べて「ヤングケアラー」という概念を認識している要保護児童対策地域協議会は約7.5割と大幅に増加したものの、「ヤングケアラー」と思われる子どもの実態把握が難しいと考えている要保護児童対策地域協議会が多いことがわかりました。

そこで、子どもと関わりある関係者がヤングケアラーを早期発見するためのアセスメントシートを作成し、その活用方法や支援事例、また研修プログラム等を整理したガイドラインを作成することになりました。

・資料紹介
三菱UFJリサーチ＆コンサルティング、2020年「ヤングケアラーへの早期対応に関する研究」令和元年度子ども・子育て支援推進調査研究事業
https://www.murc.jp/wp-content/uploads/2020/04/koukai_200427_10_1.pdf

本報告書では、要保護児童対策地域協議会へのアンケート調査をもとに、アセスメントシート（案）の作成やその活用方法、支援において必要とされる視点、支援事例や研修プログラム等を整理したガイドライン（案）の作成が目的とされています。

「本調査において、昨年度に比べて、要対協における『ヤングケアラー』という概念自体の認知度が高まってきた結果となったものの、それぞれの要対協において『ヤングケアラー』の実態が明らかでなかったり、一般的な認知度が低い状況にあると推察される。」（p46）

CHAPTER

4

「ヤングケアラー」支援のこれまでについて

メディア報道による世間の関心度の向上

一般の人に「ヤングケアラー」という言葉が知られるようになったきっかけでもあるメディア報道について説明します。

1 2020年の毎日新聞の「ヤングケアラー」の特集記事

2020年ごろからテレビや新聞などで取り上げられることが多くなった「ヤングケアラー」ですが、特にそのきっかけとしては毎日新聞の報道が大きくあります。毎日新聞では2019年ごろからヤングケアラーの実態について取材をしていましたが、特に取り上げられるきっかけになったのは2020年3月22日の報道でした。

総務省は2017年に就業構造基本調査を行っており、30歳未満の介護を行っている人が21万100人いるということが報告されていましたが、そこで毎日新聞は国のデータを独自に用いて分析し、15歳以上20歳未満の介護を行っている人が推計3万7100人いることを報道しました。

こうした記事や特集記事などをきっかけに2020年夏頃から次第に様々なメディアで「ヤングケアラー」に関する記事が取り上げられることになったのです。

・参考記事

毎日新聞、2020年3月22日「介護する子ども3.7万人　15〜19歳　8割、通学中　毎日新聞調査」朝刊1面

https://mainichi.jp/articles/20200322/ddm/001/040/103000c

「通学や仕事をしながら家族を介護している15〜19歳の子どもが、2017年時点で全国に推計3万7100人いることがわかった。毎日新聞が国の統計を独自に分析した。」

メディアを通じて一般の人にも「ヤングケアラー」が知られるようになった

確かに毎日新聞のヤングケアラーの推計については、これまでの研究からすると、少ないと指摘されているため、ヤングケアラーの実態を反映しているのか疑問視する声もあります。そもそも就業構造基本調査は、15歳未満は対象外であるため、15歳未満の介護する子どもたちがどのくらいいるのかは把握されていません。

とはいえ、毎日新聞の特集記事をきっかけに報道が続き、一般の人にも知られるようになったことは、「ヤングケアラー」への関心度が上がった点で重要でした。

 本の紹介

●ヤングケアラー　介護する子どもたち

毎日新聞取材班、2021年、毎日新聞出版

第25回新聞労連ジャーナリズム大賞・優秀賞を受賞した毎日新聞連載「ヤングケアラー幼き介護」を書籍化した作品。自治体や国の調査の流れも、臨場感あふれる文章で説明されている。

4 自治体の条例制定

自治体によるケアラーやヤングケアラーの支援に関する条例の制定の流れについて、説明します。

1 2020年埼玉県にて全国初の条例制定

2020年3月、全国の自治体で初めてケアラー支援に関する条例を、埼玉県が制定しました。自治体が「ヤングケアラー」に関する条例を定めることには重要な意義があります。

「ヤングケアラー」という存在が世間に認識され、自治体が解決すべき問題として、支援の対象とした点としても重要です。また公的支援の根拠として条例は重要な意義があります。

2 続く条例制定の流れ

ケアラー支援に関する条例は、埼玉県をきっかけに、北海道栗山町、三重県名張市、岡山県総社市と続き、現在では様々な自治体でケアラーの支援に関する条例が制定されています。

自治体でケアラー・ヤングケアラーの支援に関して規定された条例を詳しくお知りになりたい方は、以下サイトをご覧ください。

45 資料紹介

●参考URL

一般社団法人地方自治研究機構
「ケアラー支援に関する条例」
http://www.rilg.or.jp/htdocs/img/reiki/023_
carersupport.htm

▼ケアラー支援に関する条例

埼玉県	埼玉県ケアラー支援条例	令和2年3月31日公布	令和2年3月31日施行
北海道栗山町	栗山町ケアラー支援条例	令和3年3月19日公布	令和4年4月1日施行
三重県名張市	名張市ケアラー支援の推進に関する条例	令和3年6月30日公布	令和3年6月30日施行
岡山県総社市	総社市ケアラー支援の推進に関する条例	令和3年9月9日公布	令和3年9月9日施行
茨城県	茨城県ケアラー・ヤングケアラーを支援し、共に生きやすい社会を実現するための条例	令和3年12月14日公布	令和3年12月14日施行
北海道浦河町	浦河町ケアラー基本条例	令和3年12月14日公布	令和3年12月14日施行
岡山県備前市	備前市ケアラー支援の推進に関する条例	令和3年12月24日公布	令和3年12月24日施行
栃木県那須町	那須町ケアラー支援条例	令和4年3月14日公布	令和4年3月14日施行
北海道	北海道ケアラー支援条例	令和4年3月31日公布	令和4年4月1日施行
埼玉県入間市	入間市ヤングケアラー支援条例	令和4年6月27日公布	令和4年7月1日施行
さいたま市	さいたま市ケアラー支援条例	令和4年7月1日公布	令和4年7月1日施行
福島県白河市	白河市ケアラー支援の推進に関する条例	令和4年9月30日公布	令和4年9月30日施行
長崎県	長崎県ケアラー支援条例	令和4年10月14日公布	令和5年4月1日施行
鳥取県	鳥取県孤独・孤立を防ぐ温もりのある支え愛社会づくり推進条例	令和4年12月26日公布	令和5年1月1日施行
奈良県大和郡山市	大和郡山市ケアラー支援条例	令和5年2月24日公布	令和5年4月1日施行
栃木県	栃木県ケアラー支援条例	令和5年3月17日公布	令和5年4月1日施行
栃木県鹿沼市	鹿沼市ヤングケアラー支援条例	令和5年3月22日公布	令和5年4月1日施行
埼玉県戸田市	戸田市ケアラー支援条例	令和5年3月31日公布	令和5年4月1日施行

国の「ヤングケアラー」支援の動き

実態調査の流れの中で、ヤングケアラー支援の方針についての国の動向について説明します。

1 2020年度調査「ヤングケアラーの実態に関する調査研究」

2018年度、2019年度の調査やメディア報道、自治体による条例制定等流れの中で、厚生労働省は「ヤングケアラーと思われる子ども」の実態を正確に把握するために2020年度「ヤングケアラーの実態に関する調査研究」を行いました。

調査では、要保護児童対策地域協議会だけでなく、中学校・高校、そして中学生・高校生へのアンケート調査を行っています。

詳しくは Chapter1・2で取り上げましたが、特に定時制高校生や通信制高校生のデータなど掲載仕切れていないデータも多くありますので、資料の方を参照していただければと思います。

・資料紹介
三菱 UFJ リサーチ & コンサルティング、2021年「ヤングケアラーの実態に関する調査研究」令和2年度 子ども・子育て支援推進調査研究事業
https://www.murc.jp/library/survey_research_report/koukai_210412/

「本事業は、『ヤングケアラー』と思われる子どもをより正確に把握するため、中学生や高校生に対して実態調査を実施し、教育現 場や要対協等において『ヤングケアラー』と思われる子どもを早 期発見し、対応できる仕組みづくりの検討を行うための資料とすることを目的とする。」(p1)

2 2021年度「ヤングケアラーの実態に関する調査研究」

翌年2021年度にも「ヤングケアラーの実態に関する調査研究」が行われました。

2021年度調査では、これまで全国規模では実態調査が行われていなかった小学生・大学生を対象にした調査が行われました。同時に、一般国民を対象にしたヤン グケアラーの認知度調査も行われています。

こちらも詳しくは Chapter 1・2で取り上げていますが、特に大学生のデータなど本書で取り上げられなかったものもありますので、資料の方を参照していただければと思います。

・資料紹介
日本総合研究所、2022年「ヤングケアラーの実態に関する調査研究」令和3年度子ども・子育て支援推進調査研究事業
https://www.jri.co.jp/page.jsp?id=102439

「これらの調査の結果から、ヤングケアラーを早期に発見し、適 切に支援につなぐ方策の検討、および各年代への幅広い支援策 や社会的認知度を向上させるための方策検討、社会全体に対す る広報戦略の検討を今後具体的に行うための考察を行った。」(p i)

3 国の方針の流れ

国は2021年、厚生労働省と文部科学省の副大臣を議長とする「ヤングケアラーの支援に向けた福祉・介護・医療・教育の連携プロジェクトチーム」において、ヤングケアラーの支援施策をとりまとめています。

このプロジェクトチームは、ヤングケアラーが表面化しづらい構造にあるがゆえ、関係機関の研修や自治体の現状把握が不十分であり、かつ支援策や支援窓口の不明確さ、社会的認知度の低さなどを課題と捉え、福祉、介護、医療、教育などの関係機関が連携し、ヤングケアラーを早期に発見して適切な支援につなげるために、右図の取り組みを推進するとしました。

4　筆者の解釈：「ヤングケアラー」という言葉について

　2023年現在、「ヤングケアラー」という言葉についてよく聞くようになったという人も多いのではないでしょうか。

　それは右の図の国の方針が大きく関わっています。全国の各自治体が実態調査を行うようになったり、相談窓口を設ける自治体が増えたり、啓発イベントやシンポジウムなどが増えているのは、こうした国の方針の影響があります。

　こうして多くの人に「ヤングケアラー」という言葉が知られるようになったことは良い面もあります。一方で、「ヤングケアラー」という言葉がネガティブに捉えられ、「かわいそうなこ子どもたち」というイメージがついてしまう懸念もあります。

　本書をお読みの人たちは、2-5節で取り上げたように、「ヤングケアラー」という言葉の中には、様々な背景を持った多様なケアを行う子どもたちが含まれていて、「ヤングケアラー＝支援が必要な子ども」というわけではない視点を持っていただければ幸いです。

国の取り組み❶　早期発見・把握

　早期発見・把握として、関係機関、専門職、ボランティアなどへのヤングケアラーに関する研修・学ぶ機会や自治体の現状把握を推進。

国の取り組み❷　支援策の推進

　相談支援、関係機関連携支援、教育現場支援、適切な福祉サービス等の運用の検討、幼いきょうだいをケアするヤングケアラー支援などの具体的な支援策を推進。

国の取り組み❸　社会的認知度の向上

　2022年度から2024年度までの3年間をヤングケアラーに関する社会的認知度の向上に関する「集中取組期間」とした。

　そして政府は、政権の重要課題や予算編成の方向性を示す「経済財政運営と改革の基本方針」（いわゆる「骨太方針」）の中で、初めて「ヤングケアラー」について明記し、「早期発見・把握、相談支援などの支援策の推進、社会的認知度の向上」など国として取り組むことになりました。

最近「ヤングケアラー」
という言葉について
聞く事が増えた理由に、
こうした国の方針が
背景にあります

国の「ヤングケアラー」支援

その後の国のヤングケアラー支援についての流れについて説明します。

1 2022年度の「ヤングケアラー」支援の予算化

　国は実態調査やプロジェクトチームの報告を受けて、2022年度「ヤングケアラー」の支援について新たに予算をつけることになりました。自治体による実態調査をはじめとして、研修、ヤングケアラー・コーディネーターの配置、ピアサポート、オンラインサロンの設置などの自治体の取り組みについて支援すると同時に、当事者団体や支援団体のネットワークづくりの支援が予算化されました。

2 さらなる国の支援

　厚生労働省も2023年、2024年から2026年度の介護保険事業の基本指針の原案の中に、「ヤングケアラー」への支援を強化する方針を、初めて明記しました。地域包括支援センターを活用することで、地域社会での支援体制を強化する予定です。

　また同省は外国籍で日本語が苦手な親の通訳を子どもが担わなくてもよいように、役所や病院に親が行く際、通訳を同行させる事業を始めることも明らかになりました。

3 2023年こども家庭庁が司令塔に

　2023年4月、内閣府の外局としてこども家庭庁が設置されました。これに伴い、ヤングケアラー支援についても、こども家庭庁が司令塔となり、省庁を横断して取り組みを始めることになりました。

ヤングケアラー支援のこれから

これからのヤングケアラー支援について、筆者が重要であると
思う点について説明します。

1 ヤングケアラー支援の自治体間の差

これまで「ヤングケアラー」の支援について説明してきましたが、
課題があることもまた事実です。

自治体では「ヤングケアラー」に関する実態調査を進めつつあり
ます。その中で「ヤングケアラー」の支援を充実させる自治体もあ
れば、その他の対応で精一杯で「ヤングケアラー」支援にまで手が
回らない自治体もあります。

こうした中で、自治体による取り組みの差をどのように埋め、ど
の地域における子どもたちでも必要な支援につながる仕組みづくり
をするのかを考えることが必要になります。

2 具体的な支援の必要性

また広報啓発や実態調査、相談支援の先にどのような具体的な支
援を行うのかは、各自治体で手探りでの実施が始まっています。特
に相談支援の場合、自治体によっては子どもたちからの相談はほと
んどない自治体もあるということもわかってきました。

配食サービスや家事支援、同行支援などを行っている自治体もあ
りますが、まだまだ件数は多くありません。こうした手探りの試み
をする中で、家族のケアを行う子どもたちや、先進的に支援してき
た民間団体の声を、具体的な支援に反映させることが必要でしょう。

CHAPTER 4 のまとめ

① 2015年の初の体系的な調査や2018年の新書の出版により「ヤングケアラー」の認知度は高まり始めた。

② 2018年度、2019年度には国として初めて全国規模のヤングケアラー実態調査が行われた。

③ 2020年頃からの新聞報道をきっかけに、各種メディアで取り上げられ、一般の人にも「ヤングケアラー」という言葉が届くようになった。

④ 2020年の埼玉県をきっかけに、ケアラー・ヤングケアラー支援に関する条例が各自治体で制定され始めた。

⑤ 2020年度、2021年度には子どもたちを対象にした実態調査が行われ、2021年には国としての支援方針が示されるようになった。

⑥ 2023年にはこども家庭庁が、省庁を横断するヤングケアラー支援の司令塔として役割を担うこととなった。

⑦ ヤングケアラー支援には自治体間によって差があるが、具体的な支援を試行錯誤している段階にある。

読み終わった後に
できる小さな行動と
これから

　第5章では、本書を読み終わる皆さんが、いまからできる
小さくも、大切な行動について説明します。その大事な行動
が、これからの「ヤングケアラー」支援にとって、とても重要
になってきます。
　本章では

①「ヤングケアラー」に関心のある皆さんに、一番大切にして
　ほしいこと
②この本を読み終えた後にできるスモールステップ
③民間の例から考える、これからの「ヤングケアラー」支援

について伝えていきます。

なぜあなたは「ヤングケアラー」に関心を持ったのでしょうか

あなたがなぜ「ヤングケアラー」に関心を持ったのかについて、掘り下げて考えたいと思います。

1 なぜあなたは関心を持つことができたのでしょうか

本書は、「ヤングケアラー」について耳にしたことがあるものの、詳しくは知らない人たちに向けて書いています。この本を手に取ってくださった皆さんは、なぜ「ヤングケアラー」について関心を持つことができたのでしょうか。

もちろん近年、テレビや新聞といったメディアから「ヤングケアラー」という言葉を耳にすることも増えています。「最近聞いたことがあって、なんとなく気になっていた」と答える人も多いのではないかなと思います。

ですが、テレビや新聞で「ヤングケアラー」という言葉を聞いていても、なんとなく気にすることができる人の方が、圧倒的に少ないはずです。2-1節で取り上げたように、認知度はまだまだこれからという段階です。

ですが、この章を読んでいる皆さんは、関心を持ち、本書を手に取り、購入し、ページを開き、最後の章を読み進め、「ヤングケアラー」について知るという、大きな行動を取っています。

きっとそこには、皆さんが「気になっていた」理由がそれぞれあるのではないかと思っています。

2 関心を持つことができた理由

　皆さんの中には、以下のような人たちがいらっしゃるのではないかと思っています。

①子どもの置かれている状況について気にかけている

・日々、生活や仕事で忙しいけれど、子どもたちに関することは、なんとなく日常的に気にかけている。

・将来子どもを持ちたい、その予定がある、もしくは今現在子どもがいるので、ほかの子どものことも気になる。

・これからこの日本で生きる子どもたちのことを気にかけて、自分にもできることがないかと考えている。

②ご自身や親しい人が「ヤングケアラー」である

・自分の育ちを振り返ると、いわゆる「ヤングケアラー」だったのではないかと気になっている。

・自分ではないけれど、学校や地域に気になる子がいて、もしかしたら「ヤングケアラー」なのではないかと思っている。

・友人・親戚・知り合いの家庭環境を聞いて、「ヤングケアラー」だったのかもしれないと感じている。

③子どもたちを「ヤングケアラー」にしてしまわないかと思っている

・なんらかの事情で、将来自分の子どもを「ヤングケアラー」にさせないだろうかと不安を抱えている。

・自分は家族をケアできないけれど、ほかの兄弟姉妹にケアをお願いしていて、ケアできない自分への罪悪感を持っている。

・自分が将来子どもを持ったときに、「ヤングケアラー」として負担をかけるのではないかと危機感を抱いている。

47 将来への不安や関心

　筆者が本書を作るきっかけは、上記3つが理由でした。筆者は元々、父親との劣悪な関係性があったことをきっかけに、子どもの電話相談員を経験した後、児童相談所で勤務し、子ども福祉業界に関わってきました。

　それと同時に、いわゆる「ヤングケアラー」とされる子どもたちと、仕事場や地域で出会ってきました。そして、仕事や活動をする中で出会った、子ども・福祉現場の仲間達の中に、多くの「ヤングケアラー」もしくは「ケアラー」がいました。

　そして、児童相談所の仕事の中で精神的な病に倒れたことも大きかったです。病とは生涯付き合っていくとわかったとき、自分にもし子どもができたとき、「ヤングケアラー」にさせるのではないか、という危機感もありました。

　皆さんはどうでしょうか。上記に挙げた以外にも、きっといろいろ感じるところがあったのではないでしょうか。

48 **精神面での影響**

CHAPTER 5-2 「ヤングケアラー」について 考えるときに最も大事なこと

「ヤングケアラー」について考えるとき、最も重要なことは、読者の皆さんが自分を大事にすることである点について説明します。

1 自分を振り返ってみて始まる支援

「ヤングケアラー」の支援は、その自分を振り返るところから始まると思っています。

というのも、「ヤングケアラー」について知っていくと、あなたの気持ちがつらくなる場面にも遭遇することがあります。そのつらさは、もしかしたらあなたが「ヤングケアラー」について関心を持った背景に理由があるかもしれません。

自分はその問題すら気付くことができなかったショックもあるかもしれません。課題を知って、自分は何もできていないという無力感を持つかもしれません。

もしくはあまりに自分と境遇が似ていて、共感し続け、苦しくなってしまうかもしれません。また、そうした境遇に自分自身がしてしまうかもしれないことに、プレッシャー・重圧を感じるかもしれません。

そうしたつらい気持ちが出てきたときには、ぜひ一度「なぜそんなつらい気持ちが起こるのか」について、振り返ってみて自分を客観視してみることや、逆にあえて考えずに、ひとまずそっと「ヤングケアラー」について考えることをやめてみてください。

2 「ヤングケアラー」について考えるあなた自身を大事に

　「ヤングケアラー」の支援において最も重要なことは、支援したいと思うあなたが、「ヤングケアラー」について大切に思っているのと同じくらい、それ以上に自分のことを大事にするということです。

　意外なようにも、綺麗事のようにも聞こえると思います。ですが、この子ども・福祉の業界で重要なのは、支援やケアに関わる人たちが、無理ない状況で、継続的に考えをめぐらせ、細くでも支援やケアに関わり続けられることだと、確信しています。

　その背景には、子ども・福祉の業界で筆者が見てきた、心身共に疲弊して倒れていく仲間の姿があります。また筆者自身が過去に倒れた体験もあります。

3 子どもや福祉について関わることの難しさ

　子どもや福祉の業界に関心がある人たちの中には、その背景に生い立ちが大きく関わっている人たちもいます。自分の家庭環境がきっかけであったり、兄弟姉妹の直面する事柄であったり、家族・親戚・友人・知人・地域がぶつかった困難などをきっかけに、業界に関心を持つ人たちもいます。

　経験があることは、とても強いモチベーションとしては重要です。ですが一方で、状況に心を痛めるあまり、自分の限界を超えてもなお頑張り続けたり、自分の心が痛むことよりも相手のために考えて行動したりすることもあります。

　その場合、自分の心身の限界に気付かず動き続け、自分の不調に気付いたときには燃え尽き、いわゆるバーンアウトになってしまったり、心身が不安定になってしまったりする危険もあります。

　燃え尽きやバーンアウトなどを経て、もう業界自体に関わりたくないという心境になった人も少なくありません。

4 関心を寄せ続ける人が生きていることが何よりの希望

「ヤングケアラー」をはじめとして、子どもや福祉のことに関わる際、まず何より大事なことは自分を大切にすることであると、筆者は伝えることにしています。

支援する人も、傷つき、悩み、葛藤し、心が揺れ動く人間です。だからこそ支援する人自身が無理することなく、つらくなったときには誰かから支援され、ケアする人がケアされることが、子ども・福祉の業界では重要になっています。

そのため「ヤングケアラー」に関心を寄せている皆さんが、無理なく関心を寄せ続けることが、「ヤングケアラー」の支援にとって最も重要です。

5 筆者の体験

筆者は、自分の父親との家庭環境から、つらい思いをこれからの子どもたちには味わってほしくないという思いで、児童相談所の仕事に就きました。

ですが、あまりに忙しい労働環境の中で働いていく中で、次第に心身の異常に自分で気付くことができなくなり、うつ病になっていきました。その結果、電車の中にいる子どもの存在すら、怖くなっていた時期もありました。

一時期は、もう子ども・福祉の業界にいっさい携わりたくないと思うこともありました。ですが、いまもこうして本書を書くことができているのは、周りの人たちの支えがあったためです。そのおかげでなんとか関わり続けられているのです。

「覚えていること」
小さなアクション①

本書を読み終えた後にできる、小さなアクションである「覚えていること」について説明します。

1 読み終えた後にどのようなことができるか

これまでの話を踏まえて、本書を読み終えた皆さんの中には、「ではこれから自分には何ができるのだろう」と思っている人もいらっしゃるでしょう。

「ヤングケアラー」の実態、支援の課題、実際の支援制度そして支援方針の流れについて、本書で取り上げたのは、読者の皆さんが今後どのように「ヤングケアラー」について関わることができるのかを考える手掛かりとなればという思いでした。

とはいえ、それを知っただけでは、次にどのようなことができるのかわからないという人もいらっしゃると思います。自分ができる小さなアクションとして、いくつかアイデアを提案したいと思います。

アクションとはいっても、本当に小さな一歩を続けることが大事です。

自分には
何ができるん
だろう

2 「ヤングケアラー」について覚えていること

まず1つは「ヤングケアラー」について忘れないということです。もちろん知り続けるということも大事ですが、なかなか日常が忙しく、続けて別の本を読むということも難しい人も多いでしょう。

そんなときには、「ヤングケアラー」とされる子どもたちについて、自分が余裕のあるときにでもよいので、思い出すということです。

CHAPTER 1でも取り上げましたが、子どもたちが20人ほどいれば、そこには「ヤングケアラー」とされる子どもがいる可能性が高くなります。地域ですれ違う子や、電車の中で見かけた子など、身近にいる可能性もあります。

そんなときふと「ヤングケアラー」について知ったことを思い返してみてください。近くに「ヤングケアラー」について理解がある大人がいることは、今後必ず子どもたちへの支援にとって重要となっていきます。

50 身の周りにいるかもしれない

そういえば
ヤングケアラーって
言葉があったな

「知り続けること」小さなアクション②

本書を読み終えた後にできる、小さなアクションである「知り続けること」について説明します。

1 「ヤングケアラー」の多様な体験を知ること

本書で取り上げた「ヤングケアラー」についての議論は、主にアンケートなどの統計的なデータや、実際の支援制度についての話が中心でした。

ですが、冒頭でご説明したように「ヤングケアラー」という言葉には、多様なケアを行う、様々な背景を持った子どもたちが含まれています。

本書では、あえて「ヤングケアラー」当事者・経験者の体験談については触れてきませんでした。それはすでに書籍やメディアなどで、多くの子ども・若者・経験者達が勇気を持って発信してくれています。ぜひ、こうした多くの様々な体験談に触れてほしいと思っています。

2 注意：本人や経験者から直接話を聞くことはとても慎重に

もちろん支援にあたっては、「ヤングケアラー」とされる本人から話を聞くことも重要です。

ですが本人が体験について語るとき、そこには多くの労力も精神力を必要とします。話すことで、疲労したり、あの話をしなきゃよかったという後悔をしたりする場合もあります。また意図しない質問が、本人を傷つける場合もあります。

そのため、筆者としては「ヤングケアラー」について知りたいというときには、まずは、直接当事者に聞く前に、すでに発信されている書籍・メディアなどの媒体に多く触れることを強くおすすめします。

3 「ヤングケアラー」について知ることはたくさん

　体験談について触れましたが、それ以外にも「ヤングケアラー」について知るべき点はたくさんあります。

　本書を作成する際にも、様々な書籍や資料を参考にいたしました。その中の一部を参考文献として巻末に掲載しています。こうした文献を参照しながら、ぜひ「知り続ける」ことをしていただければと思います。

51 様々なメディアに触れる

すでに発信されている
「ヤングケアラー」に
関する体験談などに
様々触れること

「信頼できる人と話し合う」 小さなアクション③

本書を読み終えた後にできる、小さなアクションである「信頼できる仲間と話し合うこと」について説明します。

1 複数人だからこそできること

もちろん一人が「ヤングケアラー」について考えたり、知り続けたり、子どもたちを気にかけたりすることも重要ですが、それが複数人集まることで、より大きな力になることがあります。

複数人いれば、「ヤングケアラー」について考えたことや知ったことについて、話し合うことができるでしょう。勉強会のような形で話し合いを行うこともできます。

また子どもの状況を気にかける人同士が集まることで、ふとした瞬間に「あの子、なんか少し気になる様子があるんだけれど」と気に掛け合うことができます。

また「自分たちに何ができるだろう」と、小さなアクションについて考えて、アイデアを出し合う会を開催するというのもよいかもしれません。

2 コミュニティづくり・地域づくり

こうして複数人集まる場が定期的にあることで、その場自体がコミュニティになっていくこともあるでしょう。

そして、「ヤングケアラー」をはじめとした地域の子どもたちの状況について考えを巡らすと、「この地域で子どもたちを支えるためには、どんなあり方が望ましいだろう」と、地域のあり方について考える機会にもなります。

3 筆者の体験

　本書を作成する動機には、地域の子どもたちのことがありました。筆者がいる地域には、地域の人たちなどが交流できる施設があります。筆者もそこで交流を楽しんでいますが、ある人から「この子の状況が気になるんだけれど」という声が寄せられました。そこで施設に関わりのある人たちにも尋ねてみたところ、「私も少し気になっていました」という何人もの声が集まってきました。

　そこで集まった声を踏まえて、定期的に「ヤングケアラー」について知る勉強会を開くことにしました。内容は本書で取り上げたような、「ヤングケアラー」についての実態調査や支援制度などについて、冒頭30分ほど話題提供をしまして、その後参加者同士で議論する流れでした。

　数人規模の小さな勉強会ではありますが、施設の管理人さんをはじめとして、地域の議員さんや地域外から関心ある人たちが参加してくれました。

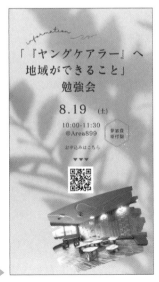

　参加者の声としては、「『ヤングケアラー』という言葉は知っていたけれど、考える機会になった」「子どもたちについて考えることは、地域のあり方を考えることでもある」「私たちの世代でも、いわゆる『ヤングケアラー』はいたが、こうして子どもたちが子どもとしての時間を保障できるように、今の子どもの人権から考える機会になった」などの意見が出ました。

勉強会の例▶

「あなたが相談できる居場所を見つける」 小さなアクション④

本書を読み終えた後にできる、小さなアクションである「あなたが相談できる居場所を見つける」について説明します。

1 支援する人の安心・安全が、子どもの安心・安全の第一歩

繰り返しお伝えしてきましたが、「ヤングケアラー」の支援に関わるにあたって、まず支援に関わる方が無理なく、辛いときには他の人にケアしてもらうことの重要性を伝えてきました。

これはもちろん支援に関わる人にとっても重要ですが、めぐりめぐって子どもたちの支援に大きく関わります。

支援に関わる人たちが安心や安全を感じることができる場所は、子どもたちにとっても、それらを感じられる可能性が大きくあります。

逆に支援に関わる人をはじめとした大人が、安全や安心を感じられなかったり、相談しづらかったりすれば、それは子どもたちにとってもそう感じる可能性が大きいでしょう。

2 あなたにとっての居場所は、子どもにとっても居場所の可能性

子どもたちにとって相談できる場所や、居場所になりうる場所であるためには、まず大人や支援に関わる人たち自身が、相談することができたり、居心地がよいと感じることができたりするかが重要です。

あなたに相談する相手がいれば、それを目にした子どもたちが「この人は信頼できるかもしれない」と話をしてくれるかもしれません。あなたが居心地が良いと感じる場所があれば、リラックスする大人の姿をみて、子どもたちも安心することができるかもしれません。

「先ず隗より始めよ」という言葉もありますが、子どもたちを支援したいと思ったときには、まず自分が支援されるための場所を探すことが第1歩であるように思います。

FIGURE 52　安心できる場所をつくる

「民間の取り組みを知る」小さなアクション⑤

最後に本書を読み終えた後にできる、小さなアクションである「民間の取り組みについて知る」について説明します。

1 今後の支援を考える参考になる

最後に民間の「ヤングケアラー」支援の取り組みについて取り上げます。ここでは研究者や非営利団体、福祉関連の事業所の「ヤングケアラー」支援の事例を紹介します。

民間の具体的な取り組みを知る中で、「ヤングケアラー」に対して周囲の大人がどのような取り組みを行うことができるのかについて参考にしていただければと思います。

2 子どもたちが「ヤングケアラー」について知りたい時

CHAPTER 2では、子どもたち自身が「ヤングケアラー」という自覚を持つこと自体が難しい点について取り上げました。

一方で、子どもたちが「ヤングケアラー」について知りたくなったときに、わかりやすく知ることができる資料の存在も重要です。「ヤングケアラー」とは、そもそもどんな子どもたちのことなのか、文字だけでなく絵や物語を通じて、視覚的にも感覚的にも伝わる資料があることが重要です。

これは家族をケアする子どもたちだけでなく、その周囲の子どもたちや大人にとっても重要な資料になります。「ヤングケアラー」と思われる子どもたちに出会い、何かできないかと考える子どもや大人が理解しやすい資料があることで、適切な支援につながる可能性を高めることができるためです。

例えば、以下のような書籍が子どもたちにとっても、大人にとっても読みやすく、わかりやすい書籍として挙げられます。

●本の紹介

・『みんなに知ってほしいヤングケアラー1〜4』
　濱島淑恵、2023年、ポプラ社
　https://www.poplar.co.jp/book/search/result/archive/7242.00.html

・『ヤングケアラー　考えよう、だれも取りのこさない社会』
　濱島淑恵、2022年、文溪堂
　https://common.bunkei.co.jp/books/4316.html

3 子どもたちが特に家族のこころの病気について知りたいとき

こころの病気は、その症状が目に見えにくいこともあり、大人でさえ理解しにくい側面があります。特に子どもたちにとっては、その複雑さを理解することはより難しいでしょう。こころの病気と一概にいっても、個々の症状も異なるため、説明することの難しさもあります。

そのため子どもたちにとって、こころの病気を直感的に理解でき、かつ具体的な症状や対処について学ぶことができる資料の存在は重要です。

特に「精神障がいやこころの不調、発達凸凹［デコボコ］などをかかえた親とその "子ども" を応援するサイト」である子ども情報ステーションを運営する NPO 法人ぷるすあるはさんでは、子どもたち向けの資料が多く作られています。

● NPO 法人ぷるすあるはさんの資料

・子ども情報ステーション

https://kidsinfost.net/

・ページ「ヤングケアラーのみなさんへ」

https://kidsinfost.net/2020/09/19/carer-2/

・家族のこころの病気についての絵本

『ボクのせいかも…– お母さんがうつ病になったの』

『お母さんどうしちゃったの…– 統合失調症になったの・前編』

『お母さんは静養中…– 統合失調症になったの・後編』

『ボクのことわすれちゃったの？　– お父さんはアルコール依存症 –』

・その他親が精神疾患をかかえている子どものための絵本（一覧）

https://kidsinfost.net/2021/02/27/books-6/

子どもたちが同じ経験をしている人たちがいる場所を知りたいとき

3-5節で紹介したように、家族のケアについて悩む子どもたちは他人に話すことができない孤立感を抱えていることがあります。

そこで同じように家族のケアについてや、学校でのこと、将来のことなどについて悩んでいる子どもや若者同士が、交流したり話をする場があります。

実際に対面で交流する場合もあれば、Zoom などオンライン上で場を設けている場合もあります。またより具体的に話し合うことができるように、家族のこころの病気について悩む子ども達を対象にしていたり、あえて年齢が近い人同士で話し合えるように場を作っていたりする団体もあります。

⑤ 子どもたちが誰かに相談したい・話を聞いてほしいとき

CHAPTER 2 でも取り上げたように、家族をケアする子どもたちにとっては相談すること自体が高いハードルです。「相談するほどの悩みではない」もしくは「相談しても状況が変わるとは思わない」と考えたり、そもそも家族のケアをしていたりすることがあり、相談することのできる時間がないという点もあります。

CHAPTER 3 でも、自治体が専門相談窓口を設けていますが、全国から電話・メール・チャットなどで相談や話を聴く行政機関やNPO 法人などもあります。またより具体的に、進路や就職の悩みを受け付けている民間の取り組みもあります。

53 子どもたちが同じ経験をしている人たちがいる場所を知りたいとき

● Yancle Community
https://yancle-community.studio.site/

> **●特徴**
> ・ヤングケアラーや若者ケアラー(40歳未満)を対象にしたオンラインコミュニティ
> ・運営は一般社団法人ヤングケアラー協会

●ほっと一息タイム
https://canjpn.jimdofree.com/

> **●特徴**
> ・家族のケアを行っている中学生・高校生のためのオンラインの交流会
> ・運営は一般社団法人ケアラーアクションネットワーク協会

● YCARP 定例ミーティング
https://y-carp.wixsite.com/my-site/

> **●特徴**
> ・子どもや若者のケアラーが参加できるオンラインミーティング
> ・運営は子ども・若者ケアラーの声を届けようプロジェクト事務局(Young Carers Action Research Project : YCARP)

●家族学習会・つどい
https://kodomoftf.amebaownd.com/pages/828211/page_201702012156

> **●特徴**
> ・精神疾患のある親の子どものための学習会および集まりの場
> ・運営は精神疾患の親をもつ子どもの会(愛称:こどもぴあ)

COCOTELI

https://cocoteli.com/

> **●特徴**
> ・精神疾患の親をもつ25歳以下の方を対象にコミュニティを提
> 供している
> ・運営はNPO法人COCOTELI

Sibkoto

https://sibkoto.org/about

> **●特徴**
> ・障害のある人の兄弟姉妹のためのウェブサイトを運営している
> ・コミュニティ機能や投稿を通じて、会員と交流することができる

J-CODA

https://jcoda.jimdofree.com/

> **●特徴**
> ・耳の聞こえない親を持つ子どもを対象にイベントを開催している
> ・ワークショップや講演会、交流会などを開催している

●ヤングケアラーあっぷあっぷチャンネル

https://uptreex2.com/blog/

> **●特徴**
> ・X(旧Twitter)のスペース機能を利用して、ヤングケアラーOG
> がお話をして、質問を受け付けている。
> ・運営はNPO法人UPTREE

54 子どもたちが誰かに相談したい・話を聞いてほしいとき

●ヤングケアラーズキャリア

https://yancle-community.studio.site/

●特徴

・ヤングケアラーや若者ケアラーを対象に、進路・就職・転職等の悩みを相談することができる。

・LINEでの相談や、Zoomでの相談、面接や提出書類へのアドバイスなども受け付けている。

・運営は一般社団法人ヤングケアラー協会

●その他行政相談先

文部科学省
24時間子供SOSダイヤル
https://www.mext.go.jp/ijime/detail/dial.htm

法務省
子供の人権110番
https://www.moj.go.jp/JINKEN/jinken112.html

子ども家庭庁
児童相談所相談専用ダイヤル
https://www.cfa.go.jp/policies/young-carer/soudan-madoguchi/

●その他民間で話を聴く取り組み

チャイルドライン https://childline.or.jp/	
ぷるすチアキの言いっぱなしメール （NPO法人ぷるすあるは） https://pulusualuha.or.jp/2021/07/29/mail-4/	
あなたのいばしょ https://talkme.jp/	
生きづらびっと https://yorisoi-chat.jp/	

参考文献

斎藤真緒・濱島淑恵・松本理沙・公益財団法人京都市ユースサービス協会編、
　2022年『子ども・若者ケアラーの声からはじまる　ヤングケアラー支援の課題』
　クリエイツかもがわ

澁谷智子、2018年『ヤングケアラー　介護を担う子ども・若者の現実』中央公論新
　社

澁谷智子、2022年『ヤングケアラーってなんだろう』筑摩書房

Nursing Todayブックレット編集部編、2021年『ヤングケアラーを支える』日本
　看護協会出版会

仲田海人・木村諭志編著、2021年『ヤングでは終わらないヤングケアラー　きょ
　うだいヤングケアラーのライフステージと葛藤』クリエイツかもがわ

濱島淑恵、2021年『子ども介護者　ヤングケアラーの現実と社会の壁』
　KADOKAWA

濱島淑恵、2022年『ヤングケアラー　考えよう、だれも取りのこさない社会』文溪
　堂

濱島淑恵、2023年『みんなに知ってほしいヤングケアラー1〜4』ポプラ社

藤木和子、2022年『「障害」ある人の「きょうだい」としての私』岩波書店

毎日新聞取材班、2021年『ヤングケアラー　介護する子どもたち』毎日新聞出版

水谷緑、2022年『私だけ年を取っているみたいだ。　ヤングケアラーの再生日記』
　文藝春秋

村上靖彦、2022年『「ヤングケアラー」とは誰か　家族を"気づかう"子どもたちの
　孤立』朝日新聞出版

あとがき

　本書は、「ヤングケアラー」という言葉は聞いたことがあるものの、言葉の中身まで詳しくは知らないという方に向けて書いたものです。実態調査のデータの整理や、支援における課題感、実際の支援制度や国の支援の流れなど、データや根拠に基づいた説明を中心に行いました。

　本書を通じていちばん伝えたかったことは、「ヤングケアラー」という言葉の中には多様な子ども達が含まれているということでした。ケアの相手の状況によっても、子ども達が置かれている状況によってもケアのあり方は変わりますし、ケアの捉え方も子ども達それぞれによって様々です。

　「ヤングケアラー」についてすべてを理解することは、かなり困難です。そこで家族のケアを担う子どもたちのことを知る入り口になればと思い、本書を執筆しました。

　そのため本書では、「ヤングケアラー」についての大枠の部分についての説明が中心となっています。やむを得ず省略した部分（例えば、定時制高校生・通信制高校生・大学生の部分）も数多くあります。気になる方は、ぜひ2020年度・2021年度の実態調査をご覧いただければと思います。

　また2023年現在、ヤングケアラーの実態調査や支援制度については、日々変動が激しい状況であり、本書ですべてを網羅することはできませんでした。2023年8月19日には「ヤングケアラー支援策を調査へ　こども庁、近く検討委設置」（共同通信）という報道もなされ、より一層ヤングケアラー支援が拡充していくのではないかと思われます。

　「ヤングケアラー」とは決して他人事の話ではありません。ざっくりですが、地域に20人子どもがいるとすれば、そこにヤングケアラーが1人いる可能性はあります。ですが、本書でも取り上げ

たように、なかなか周囲の大人が子どもの相談相手になれたり、実際に具体的な対応ができたりする周囲の大人が少ない現状にあるのも事実です。

　もちろん「ヤングケアラー」支援においては国や自治体の取組も重要ですが、同時に地域の大人の役割も重要だと思っています。子ども達を気にかけたり、見守ったり、知識を付けたりと周囲の大人ができることは少なくありません。読者のみなさまが、本書をきっかけに「ヤングケアラー」について知るきっかけとなり、自分達に何ができるのかを考えるきっかけになっていましたら、これ以上の嬉しいことはありません。

　本書を作成するにあたって、第一編集局をはじめとして秀和システムの方々に感謝いたします。また本書を作成する土台となりました「けあけあ勉強カフェ〜ヤングケアラー編」にご参加いただきました皆様にもお礼申し上げます。

　私自身、出会ってきた「ヤングケアラー」と思われる子ども達に何ができるのか考え続けたいと思います。本書をお読みいただき、誠にありがとうございました。

2023年9月　飯島章太

索引

索引

索引

索引

索引

●著者紹介

飯島 章太（いいじま しょうた）

　1993年生まれ、千葉県柏市出身。中央大学法学部、同大学大学院社会学専攻博士前期課程修了後、千葉県庁に就職し児童相談所の一時保護所に勤める。2021年11月に退職し、現在はフリーライターをしながら、非営利活動として「支援者の支援」「ケアする人のケア」の活動を続けている。

●本文イラスト

まえだ たつひこ

図解ポケット

ヤングケアラーがよくわかる本

発行日	2023年10月2日	第1版第1刷

　著　者　飯島　章太

発行者　斉藤　和邦

発行所　株式会社　秀和システム
　　　　〒135-0016
　　　　東京都江東区東陽2-4-2　新宮ビル2F
　　　　Tel 03-6264-3105（販売）Fax 03-6264-3094

印刷所　三松堂印刷株式会社　　Printed in Japan

ISBN978-4-7980-7014-8 C0036